红山文化研究（第六辑）
科技考古专号

红山文化研究基地
赤峰学院红山文化研究院 编

文物出版社

图书在版编目（CIP）数据

红山文化研究. 第六辑，科技考古专号／红山文化研究基地，赤峰学院红山文化研究院编. -- 北京：文物出版社，2019.12

ISBN 978 - 7 - 5010 - 6467 - 0

Ⅰ.①红… Ⅱ.①红… ②赤… Ⅲ.①红山文化—文集 Ⅳ.①K871.134 - 53

中国版本图书馆 CIP 数据核字（2019）第 275824 号

红山文化研究（第六辑）
科技考古专号

编　　者：红山文化研究基地　赤峰学院红山文化研究院

责任编辑：王　媛
责任印制：张道奇
封面设计：程星涛

出版发行：文物出版社
社　　址：北京市东直门内北小街 2 号楼
邮　　编：100007
网　　址：http://www.wenwu.com
邮　　箱：web@wenwu.com
经　　销：新华书店
印　　刷：北京京都六环印刷厂
开　　本：787mm×1092mm　1/16
印　　张：10.5
插　　页：1
版　　次：2019 年 12 月第 1 版
印　　次：2019 年 12 月第 1 次印刷
书　　号：ISBN 978 - 7 - 5010 - 6467 - 0
定　　价：128.00 元

本书版权独家所有，非经授权，不得复制翻印

《红山文化研究（第六辑）》
编辑委员会

主　任：赵宾福

委　员：（按笔画先后为序）

　　　　于建设　　田广林　　刘国祥　　张星德　　陈永志

　　　　郭大顺　　曹建恩　　塔　拉

主　编：孙永刚

副主编：马海玉

编　辑：刘　颖　　李明华　　郭艳秋

目　录

名家访谈

从科技考古的视角看红山文化研究

　　——中国社会科学院考古研究所赵志军研究员专访……………………（3）

学术专论

魏家窝铺红山文化遗址出土植物遗存综合研究

　　………………………………………………………孙永刚　赵志军（13）

早期中国的农业

　　………………………刘歆益　Dorian Q. Fuller　Martin Jones（24）

兴隆沟：早期旱地农业的生产与消费

　　………………………………………刘歆益　赵志军　刘国祥（42）

赤峰市二道井子遗址木炭遗存指示的木材利用和生态环境

　　——兼论夏家店下层文化时期的生业模式

　　……………王树芝　孙永刚　李宜垠　贾　鑫　焦研静　赵志军（55）

内蒙古西拉木伦河流域考古文化演变的地貌背景分析

　　………………………………………夏正楷　邓　辉　武弘麟（72）

GIS 在赤峰市西南部环境考古研究中的实践与探索

　　…………………………………………………………………滕铭予（81）

内蒙古赤峰市距今 8000 ~ 2400 年间环境考古学的初步研究

　　…………………………………………………………………孔昭宸（111）

西拉木伦河南岸史前人类定居的时空变化及其影响因素

　　···贾　鑫　弋双文　孙永刚　吴霜叶　Lee Harry F.　王　琳　鹿化煜（122）

吉林大安后套木嘎遗址新石器时代黄牛分子考古学研究

　　·····························蔡大伟　张乃凡　朱司祺　陈全家　王立新　赵　欣

　　　　　　　　马萧林　Thoms C.A. Royle　周　慧　杨东亚（138）

中国家牛起源和早期利用的动物考古学研究

　　··吕　鹏（146）

三维扫描技术在红山文化陶器复原中的应用

　　······································李明华　吕　帆（153）

后记···（160）

名家访谈

从科技考古的视角看红山文化研究

——中国社会科学院考古研究所赵志军研究员专访

马海玉：赵老师，您好！近 20 年来由您领军的中国植物考古学科发生了日新月异的变化，您是如何对植物考古进行学科定位的？在您看来，植物考古都有哪些研究内容？

赵志军：植物考古属于科技考古，科技考古属于考古学，而考古学属于人文社会科学。人文社会学科可以分为两大部分，一部分叫人文学科，一部分叫社会科学。人文学科主要是我们常说的文、史、哲，还有艺术。社会科学就是我们常说的政、经、法，还有社会学、心理学等。这两部分的区别在哪呢？主要就在研究方法上。社会科学要求采用量化统计分析的方法，先采集和获得样品，然后用统计学方法对样品进行分析，得出数据。而人文学科没有必要，也不适合进行量化分析，所以只能叫人文学科，而不能叫人文科学。社会科学是科学，是可重复、可检验的。就是说任何的研究都可以用同样的样品和数据进行重复，以检验前者是不是正确。所有的自然科学都是这样，比如说物理学，你做的这个实验别人也要能做，如果这个实验你做出来了，别人却完成不了，那么你的实验就是不科学的。考古学是一个实证科学，我们以物说话，对考古出土的各种遗物、遗迹进行的分析就是量化分析，所以严格来说考古学应该属于社会科学，而不是人文学科。以前可能很多人没有意识到这个问题，考古学在人文社会学科里是比较接近自然科学的。科技考古则是考古学中最靠近自然科学的，是以自然科学的手段去解决考古学问题的。在某种意义上讲，包括植物考古在内的科技考古应该属于跨学科的研究领域，这是第一点。第二点，虽然包括植物考古在内的科技考古都有跨学科的特点，但研究目的是解决考古学的问题。我们在判断一个学科的学科属性时，应该以其研究目的为主要依据，所以包括植物考古在内的所有科技考古研究领域都属于考古学。

那么植物考古具体的研究目的是什么呢？一是通过考古挖掘获取古代植物遗存。二是分析古代植物遗存与古代文化之间的关系。三是复原古代人类生活方式，

探讨古代文化的发展与过程。第一句话说明了植物考古研究的植物是通过考古发掘获得的。为什么通过考古发掘获得，第二句话实际上是对它的解释，因为我们只有通过考古挖掘才能知道植物的文化背景，否则就没有办法探讨植物与人的关系。植物考古不是专门研究植物的，而是研究植物与人的关系的，那我们研究植物与人的关系又是为什么呢，第三句话回答了这个问题。复原古代人类生活方式，探讨古代文化的发展与过程，这恰恰是现代考古的最终研究目标。从这个意义上讲，植物考古也应该属于考古学的研究范畴。

　　植物考古的研究内容是什么呢？

　　一是对古代人类食物结构的研究。食物结构是文化特点的一个外在表现，是构成人类文化多样性的内在原因之一。人类食物结构的组成不仅仅局限于人类本性的需求和受生态环境的制约，人类文化，如传统观念、宗教信仰、生活习惯、禁忌、图腾等都可能影响人类对食物的选择。

　　二是对古代社会经济形态的研究。人类获取食物的方式直接决定了人类的生活方式，并由此发展出不同的社会经济形态，而不同的社会经济形态又是导致人类文化发展多样性和阶段性的主要因素之一。农耕经济以种植业为主，对古代农耕经济体系的研究自然离不开植物考古学。

　　三是对古代社会政治结构的研究。考古发掘出土的遗迹遗物不仅是古代人类物质文化的具体表现，也体现了古代社会政治结构等内容，并包含着古代人类思想意识内涵。通过对物质文化进行分析，探讨古代社会政治结构的特点和发展，了解古代人类精神世界的活动，应该是现代考古学的研究范畴。作为考古发掘获得的古代文化遗物，植物遗存也同样具有这样的研究潜力。考古出土的植物遗存不仅是我们探索古代社会经济基础方面的重要资料，也能为我们了解古代社会上层建筑方面的情况提供重要线索。

四是对古代生态环境的研究。复原古代生态环境是现今植物考古学的一个主要研究方向。在人文生态系统中，人类、自然环境（地质、地貌、气候、水文、土壤等）和生物环境（植被、动物群、昆虫、微生物等）是相互依存和相互制约的三大要素。自然环境和生物环境为人类提供生存条件，人类活动又反过来改造自然环境的面貌和生物环境的构成。生态环境的变化对古代人类的生活和行为影响极大，有时甚至是决定性的因素，因此，复原古代生态环境、了解其变化规律对考古学研究有极其重要的意义。

马海玉：对大多数传统学者来说，植物考古还是比较陌生的。作为植物考古基本的研究方法——浮选法，其基本原理和操作方法都有哪些？请您为我们进行一下普及。

赵志军：浮选法是植物考古的田野方法，是通过考古发掘获取古代植物遗存的方法。在植物考古若干种研究方法中，浮选法是最为有效的。

我们都知道植物是有机物质，埋藏在土壤中很快就会腐朽消失，所以古代的植物遗存一般无法保存下来，除非在一些特殊的保存条件下，比如说极度干燥的地区或长期被水浸泡的地点，河姆渡遗址就是一个最好的例证。古代人类生活离不开火，在生活中所接触的一些植物，吃的也好用的也好，有意或者无意的（大多是无意的）被火烧了，又没彻底烧透，有机质的植物就变成了无机质的炭化物质。就跟烧炭是一个道理，木头烧到一定程度的时候闷住把火熄灭就会变成炭。因为人类的生活离不开火，所以被人类居住过的遗址每天都会产生被炭化的植物，这些炭化植物遗存埋在土壤中，其中一部分被我们所获取。

炭化植物遗存的化学性质非常稳定，土壤中的化学侵蚀作用一般不会对炭化物质产生显著的影响，如强酸、强碱、细菌等都不能侵蚀或破坏炭化植物遗存，不论埋藏环境如何恶劣，总有一部分炭化植物遗存被保存在文化堆积中。但是炭化植物遗存的物理性质十分脆弱，尤其在潮湿的环境下很容易破碎，因此在发掘过程中即便发现了炭化植物遗骸，仅依靠常规的发掘工具也很难将其完整地提取出来。再者，炭化植物遗骸的体积非常小，大多数植物种籽的尺寸都是以毫米计算，土壤中的炭化植物遗骸很难用肉眼发现。相对其他考古遗物而言，炭化植物遗骸的发现和获取都有一定的难度。为此，植物考古学家们设计了浮选法，专门用于发现和获取埋藏在考古遗址中的炭化植物遗骸。

　　浮选法的原理实际上很简单。炭化物质的密度小于 1，水的密度是 1，而一般土壤颗粒的密度在 2.6～2.8。据此，把考古遗址中的土壤提取出来置于水中，比水重的土壤颗粒沉下去，比水轻的炭化物质浮上来，从而可以筛选出来。这就是浮选法。

　　浮选需要特定的设备。在过去几十年的实践中，植物考古学家们设计并制造了各种浮选设备，有简易的，也有较为复杂的。我们在工作中较常使用的浮选设备是水波浮选仪，由水箱、粗筛、细筛、细筛托和支架五个部分组成。具体操作过程是先封住水箱底部的排水孔，然后打开水源，水通过喷头灌入水箱，水箱灌满后继续保持水流畅通，水会顺着水箱上部的凹口流入溢水槽排出，由于喷头所产生的压力，水面上会形成两朵水花，增强水的浮力。将土样均匀地撒入水箱内，土样中密度小于水的部分包括炭化植物遗骸浮出水面，并随水流顺着凹口流入溢水槽，然后通过溢水槽的出水孔落入细筛中；土样中密度大于水的部分自然下沉，其中体积大于粗筛孔径的各种物质被粗筛收住，而体积小于孔径的土壤颗粒透过粗筛沉入箱底，待浮选结束后打开水箱底部的排水口将其排出。收入细筛中的部分被称作轻浮部分，即我们所要的浮选结果。此外我们经常采用的还有一种非常简易的浮选方法，称为水桶浮选方法，所用设备仅是两个普通的、容积约为 20 升的小水桶和一个规格为 80 目的分样筛。具体操作过程是先将其中一个小水桶盛水至三分之二处，将少量土样均匀撒入桶内，用一根木棍在水中轻轻搅动几下，使炭化物质浮出水面，然后立即将上浮液通过分样筛倒入第二个小水桶，浮在水面上的炭化物质会被分样筛收住。而后将第二个桶内被分样筛滤净的液体再倒回第一个桶里，继续用木棍轻轻搅动，待剩余的炭化物质浮出水面后，将上浮液再通过分样筛倒入第二个小水桶内。如此重复两至三遍或直至无炭化物质浮出为止。这种浮选方法所获取的只有轻浮部分，比重大于水的所有物质则与泥土一起沉入桶底被倒掉。水桶浮选方法靠人力操作，虽然操作简单，用水量少，但费时费力，且植物遗存的提取率低。水波浮选仪制作费用高，不宜搬运，用水量大，对田野工作条件要求较苛刻，但工作效率高，提取效果好。实际操作中，任何浮选方法都无法达到百分之百的提取率，只要所使用的浮选设备能保持相对稳定的提取率，就可以通过对浮选误差的分析得出正确的研究结果。

　　设计正确的采样方法是运用浮选法获取植物遗存最为关键的一环，是浮选结果最终能否体现研究目的的基础。前面已经提到，炭化植物遗骸的个体一般比较小，尤其是大多数植物的籽粒，在发掘过程中基本无法用肉眼识别。在这种情况下，为了完整地认识和了解遗址中所埋藏的植物遗存状况，以便系统地分析和研究其所反映的古代文化内涵，从理论上讲最好是将遗址的文化堆积土全部浮选一遍，但由于时间和经费的限制，这在实际工作中几乎是不可能的。在发掘过程中只能有选择地采集部分堆积土进行浮选，这就出现了一个采样方法的问题。浮选土样的采集方法有很多种，最为常见的有剖面采样法、针对性采样法和网格式采样法三种。其中针对性采样方法是我根据中国考古的实际情况设计的浮选样品采集方法，具体操作方法是伴随考古发掘过程，针对遗址中不同的埋藏背景进行系统采样，包括灰坑、灰沟、房址、灶坑、窖穴、墓葬以及器物内存土等各种遗迹或现象。采用针对性采样方法采集到的样品有较强的普遍性和代表性，且该方法操作简单，不影响发掘进程，没有增加额外工作量，因此针对性采样方法成为一种普遍的浮选样品采集方法。

马海玉：一直以来，您对辽西地区的植物考古十分关注，特别是对红山文化时期的哈民忙哈遗址、魏家窝铺遗址都进行过系统研究。从结果来看，哈民忙哈遗址、魏家窝铺遗址哪些农作物占主导地位？二者是否有所不同？反映了怎样的经济状况？

赵志军：从植物考古的角度来看红山文化时期是非常有意思的。红山文化是一个很辉煌、很伟大的考古学文化，尤其令人瞩目的是牛河梁遗址大型的坛庙冢群、精美的雕塑和人物造像，但是通过浮选一直没有找到它具有发达农业的植物考古证据。我要强调的是，红山文化不是没有农业，而是没有与其辉煌的文化遗存相匹配的发达农业。目前发掘的大型红山文化时期聚落遗址相对较少，大多数属于墓葬遗址，而墓葬遗址很难获得植物遗存。

魏家窝铺遗址是一处红山文化时期聚落遗址，但其文化堆积埋藏很浅，把表土层去掉以后，文化堆积所剩无几，能够获得的浮选资料很少。魏家窝铺遗址的浮选工作是孙永刚先生开展的，浮选出土了粟和黍等农作物遗存，但数量较少。我们分析认为魏家窝铺古代先民已经开始从事农耕生产，种植的农作物是粟和黍，但其生业形态的主体应该还是采集狩猎。

哈民忙哈遗址的文化堆积保存良好，所以浮选结果也比较丰富。哈民忙哈遗址的浮选工作也是孙永刚先生做的，浮选出土了大量的植物种子，其中绝大多数是出土自房址 F57 的大籽蒿种子，总计 80 余万粒。相比较而言，出土的农作物遗存数量较少，包括粟、黍和大麻三个品种，合计 600 余粒，其中以黍为多。大籽蒿是一种可食用的草籽，现在仍然被食用，例如西北地区现在也有蒿子面，就是将大籽蒿碾碎了和白面混到一起，做出的面韧劲强，有种特殊的味道，很多人爱吃。哈民忙哈遗址发现的大籽蒿集中出土在一个遗迹单位，应该是人为采集的结果，说明哈民忙哈的古代先民仍然需要通过采集活动获取食物。对浮选结果的分析表明，哈民忙哈时期人类的植物类食物中应该同时包括采集类的野生植物和农耕生产的农作物，这再次说明红山文化时期的生业形态是农耕与采集狩猎并重。

马海玉：赤峰地区二道井子遗址是一处夏家店下层文化时期的重要遗址，从植物考古角度看，该遗址反映了怎样的经济形态？和上述两处红山文化遗址相比，其经济模式是否发生了变化？

赵志军：二道井子遗址浮选结果非常丰富，仅炭化植物种子的出土数量就多达两万五千余粒，其中以栽培农作物为主，包括粟、黍、大豆和大麻四种农作物，合计数量占到出土植物种子总数的90%。毫无疑问，夏家店下层文化已经处在比较发达的农业经济阶段，农耕生产应该是二道井子遗址古代先民物质生活资料的主要来源。我个人一直认为，在赤峰地区或西辽河流域地区的史前考古学文化发展序列中，夏家店下层文化才是真正的转折点，从此完全进入了农业社会。如果从农耕生产或人类的生业形态来讲，红山文化到夏家店下层文化之间出现了一次质变，出现了一次跃进。虽然我们在讲考古学文化的时候往往以红山文化作为西辽河流域地区考古学文化的核心，但是从植物考古来说，农业社会的建立是发生在夏家店下层文化时期。这不仅仅是二道井子一处遗址的问题，其他夏家店下层文化遗址的浮选结果反映的也是相同的情况。西辽河流域地区夏家店下层文化遗址数量很多，凡是开展过浮选工作的遗址都出土有大量的植物遗存。以二道井子、三座店、兴隆沟第三地点这三大遗址为例，每处遗址都浮选出土数量巨大的植物遗存，而且都以农作物遗存的数量占绝对优势。此外，在西辽河流域开展的两次大规模考古调查中，浮选结果也表现出在夏家店下层文化时期生业形态以农业经济为主的特点。这些植物考古工作成果证明，在夏家店下层文化时期西辽河流域已经进入了农业社会阶段。农业发展情况和人口增长之间有着密切的关系，我们现在计算一个区域的人口增长速度还有些困难，有一个很简单的办法，就是看遗址的数量。近年来大量的考古发现揭示，赤峰地区夏家店下层文化与红山文化的遗址数量显著不同，属于夏家店下层文化的遗址数量明显增多，说明夏家店下层文化时期西辽河流域出现了一次人口的猛烈增长，这也从侧面反映出夏家店下层文化时期应该已经进入了农业社会。

马海玉：辽西地区粟、黍的种植和黄河流域粟、黍的种植属于北方旱作农业系统，从浮选结果上看它们有什么不同？我们都知道您从植物考古角度系统地研究了稻作农业和旱作农业在华夏文明起源中的作用，那么您是如何看待北方旱作农业在中华文明起源中的作用的？

赵志军：从浮选结果上看是一样的，西辽河流域地区和黄河流域地区都属于以种植粟和黍为代表的中国北方旱作农业生产系统。但是在新石器时代末期，黄河中游地区的旱作农业生产呈现出一些发展和变化，主要反映在水稻、小麦和大豆这三种农作物遗存的量化统计数据上。大约在二里头文化至二里岗文化时期，黄河中游地区五种农作物品种齐全，而且比重比较均衡，小麦的比重显著增加，粟和黍不再占据绝对的统治地位，农作物布局逐渐趋向复杂化，由相对单一的粟作农业向包括水稻、小麦和大豆在内的多品种农作物种植制度转化。具体地讲，农业经济由早期单纯依赖小米逐步演变成为后期的"五谷登丰"。黄河下游地区的农业生产也有变化，种植粟、黍，同时种植水稻，表现出稻旱混作的特点。但西辽河流域地区和西北地区的农业生产基本上延续着典型的中国北方旱作农业传统，即以种植粟和黍为主。当然，后期这两个地区也开始出现其他农作物品种，例如在西辽河流域地区出现了大豆，在西北地区出现了小麦和大麦。但是这些新出现的农作物品种与粟和黍相比，不论是出土绝对数量上还是出土概率上所占比例都微不足道。在西辽河流域考古学文化最昌盛的阶段——夏家店下层文化时期，虽然当地的农业生产非常发达，但农业种植制度却相对单一，所耕种的乃至依赖的农作物品种基本局限于粟和黍。值得注意的是，凡是夏家店下层文化时期的浮选结果中都出现了大豆和大麻，数量非常少，但是很重要，不能忽略。

在华夏文明的起源中，稻作农业和旱作农业都做出了巨大的贡献。依据"中华文明探源工程"的研究成果，环太湖地区的良渚文化已经具备初级国家形态。古代文明的主要标志就是国家的出现，所以良渚文化已经跨入了古代文明的门槛，中华文明五千年是历史事实，而良渚文化的农业生产属于典型的稻作农业。随着中华文明的发展，重心开始由南向北偏移，到了夏商周时期，古代文明的核心区域已经转移到中原地区，中原地区的农业生产是以旱作农业为主。所以说，稻作农业和旱作农业都为中华文明的形成和早期发展做出了重要的贡献。

马海玉：赤峰学院红山文化研究院成立以来，始终把办好《红山文化研究》专辑作为一项重要工作，我们也做过一些尝试，但感觉仍有很大差距。您对我们的工作有哪些建议？今后红山文化研究院应从哪些方面开展科技考古工作呢？

赵志军：首先要有特色。《红山文化研究》以西辽河流域地区史前文化特别是红山文化为特色，这一点实际上已经做到了。其次，作为一个学术辑刊要有充足的信息量。解决这个问题有几个办法：一是争取多发第一手资料，比如说赤峰地区的考古新发现。二是翻译国际学术刊物上发表的好文章。三是进行资料汇编，《红山文化研究》一年出版一辑，要争取把过去一年国内外学术刊物上发表的涉及红山文化研究的文章作为参考文献整理出来。四是尽量避免收录低水平的论述性文章，对论述性文章要严格把关，经过专家审阅。

作为赤峰学院的实体研究机构，红山文化研究院应立足于赤峰地区，要想做大做强，跟各个相关科研单位的合作很重要。红山文化研究院应该成为与红山文化关系密切的相关研究单位的枢纽和媒介，起到协调作用。比如说中国社会科学院考古研究所、内蒙古考古研究所、吉林大学考古学院以及赤峰市各旗县区的文博单位都在赤峰地区进行相关工作，将来可能还有别的单位也会参与进来，对于这些单位而言，红山文化研究院应该作为一个枢纽，起到协调作用。

（录音整理：郭艳秋）

学术专论

魏家窝铺红山文化遗址出土植物遗存综合研究

孙永刚[1]　赵志军[2]
1.赤峰学院历史文化学院
2.中国社会科学院考古研究所

1　遗址背景

魏家窝铺遗址位于内蒙古赤峰市红山区文钟镇魏家窝铺村东北部平缓台地上，遗址总面积约9.3万平方米，是一处保存较好、规模较大的红山文化时期聚落址。

2007年，红山区文物管理所与赤峰学院历史文化学院考古技术专业师生联合在红山区进行第三次文物普查，在普查过程中发现该遗址，地表可见到成排分布的"灰土圈"和较为丰富的陶片、石器等。2008年，内蒙古文物考古研究所对遗址进行了全面系统的勘探，笔者全程参与了此次勘探任务，对魏家窝铺遗址有了较为全面的了解。

2009~2012年，内蒙古文物考古研究所和吉林大学边疆考古研究中心组成联合考古队对魏家窝铺遗址进行了发掘。2009年度揭露面积约5000平方米，共发现房址28座、灰坑83个、灶址3个、墓葬2座、沟1条。房址皆为圆角长方形半地穴式，面积8~60平方米不等，门道在南侧，大部分为生土居住面，瓢形灶多位于房址中部。灰坑一般为圆形筒状，也有椭圆形。出土陶器有筒形罐、红陶钵、几何纹彩陶钵、斜口器等，石器有耜、锄、斧、刀、磨盘、磨棒等。2010年度发掘面积4000平方米，发现房址36座、灰坑62个、灰沟2条、灶4座。"房址均为地穴或半地穴式。平面形状呈圆角方形、梯形或平行四边形等。""在聚落的布局上，发现了两条灰沟对其他遗迹呈环绕之势。两灰沟均位于遗址的东侧。一条灰沟（G2）较宽，宽150~300厘米，深65~110厘米，在发掘区内揭露出约50米。另一条灰沟（G1）位于G2的东边，较窄，宽50~80厘米，深79~90厘米，在发掘区内的部分长约13.5米。"[1]2010年度发

---

[1]　段天璟等：《红山文化聚落遗址研究的重要发现》，《吉林大学社会科学学报》2011年第4期。

掘区内面积最大的房址为 F18，F18 朝向西南，面朝一个小型的空场，其东、西和北边各发现数座西南向房址，以 F18 为中轴线东西向成排分布。2011 年度发掘区位于整个魏家窝铺遗址的东北部，北邻 2010 年度发掘区，东部与南部为待发掘区。共布 10 米 × 10 米探方 42 个，加上个别扩方区域，2011 年度整体发掘面积为 4204 平方米。共确认房址 39 座，灰坑 56 个，灶址 5 处，灰沟 2 条。灰坑内出土了陶器、石器、蚌壳以及动物骨骼等。房址均为半地穴式，由于水土流失与现代农耕的破坏，这些房址残存高度不一，最浅的房址仅存踩踏面，高度为零；最深的房址残存高度 60～70 厘米。从可以确认的房址平面形态来看，大部分呈方形或圆角方形，个别略呈梯形，直壁或斜直壁，地面基本平坦或略有起伏。绝大多数房址中央位置可以确认相互连接的灶坑与火道，基本上与火道方向一致的房址壁上可确认门道，门道大部分为斜坡状。房址内出土有大量陶器、石器、蚌壳以及动物骨骼等。

通过对魏家窝铺聚落遗址的发掘，揭示出几组具有分期意义的红山文化单位间的叠压、打破关系，从陶器群特征来看，魏家窝铺遗址的年代相当于红山文化早、中期，与白音长汗红山文化遗存的年代接近。

2 采样与浮选

为了解魏家窝铺遗址的植物遗存整体埋藏状况，并据此进一步探讨红山文化时期的经济形态、结构生产状况以及当时的人地关系情况，在 2009～2010 年及 2012 年度的发掘过程中，我们依照针对性采样法的原则和操作方法选择了一些性质比较明确的遗迹单位，如房址、灰坑、灰沟等，作为采样点采取浮选土样，其中还包括一些比较特殊的遗迹现象，如某些器物内的存土或动物骨架下的堆土等。除此之外，我们还在一些探方的文化层或者隔梁上采取了土样。三年内先后采集浮选土样 110 份，土量总计 621 升，平均每份样品的土量在 6 升左右。

浮选土样的数量虽然不多，但是来自各种遗迹单位，采样点在遗址的分布范围也比较广泛，具有很强的普遍性和代表性，因此从这些样品中获得的炭化植物遗骸应该也具有一定的代表性。

浮选设备是水波浮选仪，配备用于浮选的分样筛规格为 80 目（筛网孔径 0.2 毫米）。浮选样品阴干后，在赤峰学院考古学实验中心植物考古学实验室进行了分类与种属鉴定。

魏家窝铺遗址浮选出土的炭化植物遗骸包括炭化木屑和植物种子两大类。

3　浮选结果分类与鉴定

3.1　炭化木屑

炭屑是植物有机体不完全燃烧的产物，它可以保存植物的某些结构，也可能是无结构的球形体。少量炭屑随着烟雾升空，而后随风传播，大部分炭屑滞留原地。炭屑在沉积物中可以保存数千年甚至几万年不变，可以作为火灾历史最可靠的记录，因此被称为"火的化石"。火的发生与气候环境（如温度、湿度等）及人类活动密切相关。通过对炭屑的定量统计和形态分析等，可以推测地质历史中火灾发生的频率、强度及其变化。对土壤中炭屑的分析研究，可以反映当时当地的植被、环境变化和人类活动。如依据考古遗址土壤中炭屑含量的变化趋势，可以推测人类是否大量利用柴草、大量砍伐森林和开垦农田等。随着小冰期的出现，气候寒冷，薪材需求量增加，冶炼业、制陶业等手工业和作坊业的兴起，需要大量柴草作为原料和燃料，会产生大量炭屑。因此炭屑的变化不仅可以指示气候变化，还可用于推断人口变动和经济发展状况，从而反映区域人口数量和人类活动强度的变化。

魏家窝遗址浮选出土的炭化木屑大多十分细碎，也有部分较大的碎块，可以送交从事木材鉴定与环境考古的专家进行分析。

我们将出土的炭化木屑作为统一类别进行量化分析，具体做法是利用标准分样筛将每份样品中大于 1 毫米的炭化木屑拣选出来进行称重计量，然后以样品为单位进行等量换算，以求寻找具有某种文化意义的现象或规律。

魏家窝铺遗址 110 份样品所含炭化木屑的总量为 17.98 克，平均每份样品仅含 0.16 克。需要说明的是，"2009 年浮选土量的平均值是 3.8 升，平均每升土含炭化木屑仅为 0.075 克"[1]；2010 年的浮选土量有所增加，平均值约为 5.8 升，平均每升土所含炭化木屑为 0.47 克，较 2009 年有了大幅度的增加。看似是土量的增加使炭化木屑的量增加，其实不然。在 2010 年浮选过程中，在 F36 获得炭化木屑 7.868 克，占该年度总量的 45%，而其他遗迹单位获得炭化木屑的总量为 9.457 克，平均每升土所含炭化木屑仅为 0.08 克，基本与 2009 年度数值相一致。

2009 年采集的部分土样来自房址内的灶坑。一般认为，既然炭化植物遗骸在埋藏前必然被火烧过，那与火有关的遗迹如火塘和灶坑等应该是炭化植物遗骸的最佳出土地点，实际情况却并非如此。炭实际上是一种燃烧不完全的物质，经过反复燃烧就会化为灰烬，所以火塘或灶坑留下的往往是一些难以燃尽的大块炭化木材

---

[1]　孙永刚、曹建恩、井中伟、赵志军：《魏家窝铺址 2009 年度植物浮选结果分析》，《北方文物》2012 年第 1 期。

等，而更为重要的植物遗存，如各种植物的籽实经过间断或不间断的燃烧，早已爆裂甚至荡然无存。鉴于此，2012 年我们对一些遗迹现象明显的房址、灰坑进行了采样，避开了灶坑和火塘，同时采取的土量也增加了一倍。很遗憾的是，2012 年的浮选结果并没有出现我们预想中的大量的炭化植物遗骸。

3.2 植物种子

在魏家窝铺遗址 110 份浮选样品中共发现 100 粒各种炭化植物种子（表 1）。其中作为农作物的粟（*Setaria italica*）、黍（*Panicum miliaceum*）总数为 51 粒，占所有出土炭化植物种子总数的 51%，其他可鉴定的有禾本科（Poaceae）、藜科（Chenopodiaceae）、豆科（Leguminosae）、唇形科（Lamiaceae）等常见的植物种子。

表 1　浮选出土植物种子统计表

植物种属	绝对数量	数量百分比
粟（*Setaria italica*）	33	33%
黍（*Panicum miliaceum*）	18	18%
狗尾草属（*Setaira*）	24	24%
猪毛菜属（*Salsola*）	1	1%
藜属（*Chenopodium*）	13	13%
黄芪（*Legumenosae*）	9	9%
紫苏（*Perilla frutescens*）	1	1%
果实残块	1	1%
合计	100	100%

3.2.1　农作物种子

在魏家窝铺遗址浮选出土的农作物籽粒中，炭化粟为 33 粒，约占出土农作物籽粒总数的 64.7%，占出土植物种子总数的 33%。这些炭化粟粒均近圆球状，直径多在 1.2 毫米左右，表面较光滑，胚部较长，因烧烤而爆裂呈凹口状。

魏家窝铺遗址出土的炭化黍为 18 粒，约占出土农作物籽粒总数的 35.3%，占出土植物种子总数的 18%。这些炭化黍粒的形状也近圆球状，但个体相对炭化粟粒较大，籽粒长度多在 1.8 毫米，宽度和厚度多在 1.6 毫米，表面较粗糙，胚区较短，爆裂后呈"V"状。

3.2.2　其他植物种子

魏家窝铺遗址浮选出土的非农作物植物遗存共计 48 粒。其中以禾本科、藜科和豆科植物种子数量相对较多。

3.2.2.1　禾本科

出土的禾本科植物种子共 24 粒，占出土植物种子的 24%。这些禾本科种子主要是狗尾草属（*Setaira*）种子狗尾草。

狗尾草 ［*Setaria viridis* (L.) Beauv］

狗尾草属于禾本科一年生草本植物。适应性强，在中国有广泛的分布。种子发芽适宜温度为 15℃～30℃，出土适宜深度为 2～5 厘米，土壤深层未发芽的种子可存活 10 年以上。在中国北方 4～5 月出苗，以后随浇水或降雨还会出现出苗高峰；6～9 月为花果期。一株可结上千至数千粒种子。种子借风、灌溉浇水及收获物进行传播，经越冬休眠后萌发。适生性强，耐旱耐贫瘠，酸性或碱性土壤均可生长，生于农田、路边、荒地。种子的外面有细毛，具有一定的药用价值。狗尾草在古代是救荒的重要植物之一。《救荒本草》记载，莠草子（王作宾认为是禾本科狗尾草属植物狗尾草）"生田野中。苗叶似谷，而叶微瘦。稍间结茸细毛穗。其子比谷细小，舂米类折米。熟时即收，不收即落。味微苦，性温。采莠穗，揉取子捣米，作粥或作水饭，皆可食"。魏家窝铺遗址出土的狗尾草植物种子均呈扁椭圆形，背部略鼓，腹部扁平，尺寸较小，平均长约 1.52 毫米。

3.2.2.2　藜科

出土的藜科植物种子共 14 粒，占出土植物种子总数的 14%，其中包括藜属（*Chenopodium*）种子 13 粒、猪毛菜属猪毛菜种子（*Salsola*）1 粒等。

藜（*Chenopodium album*）

藜，藜科藜属，一年生草本植物，俗称"灰菜""大叶灰菜"。广泛分布于世界各地。藜的胞果呈双凸透镜形；果皮灰黄色，薄，紧贴种子，可透出种子的黑色；直径约 1.3 毫米；表面粗糙，有放射状点纹或斑纹。果底有 5 枚宽大、边缘相覆的花被包围全果；果顶面大部分被花被覆盖，中央残存花柱。种子与胞果同形，黑色，有光泽；直径近胞果；表面有明显放射状点纹；边缘有薄的窄边。胚环绕于种子外缘，胚根端部稍突出，但不在种子边缘形成凹缺，而是在其内形成沟状凹陷。

藜多生于农田、果园、菜园、路边、宅旁和荒地。幼苗可作蔬菜，全草可药用，有止泻、止痒等功效。在《救荒本草》《野菜博录》中多见关于藜的记载，并详细介绍了其采集、食用方法。现在一些地区仍在食用藜类植物，春、夏季可采嫩茎叶，先用开水烫过，再用清水泡数小时后炒食或做汤。种子可榨油，在果实成熟收获后割取全株晒干，收取种子，去杂，放干燥通风处备用。

猪毛菜（*Salsola*）

猪毛菜，亦称"扎蓬棵""山叉明棵"，猪毛菜属，藜科，一年生草本植物。主要分布在中国东北、华北、西北、西南地区以及河南、山东、江苏、西藏等地，朝鲜、蒙古、巴基斯坦、俄罗斯等国家以及中亚地区均有分布。高达 1 米，茎近直立，通常由基部多分枝。叶条状圆柱形，肉质，长 2 ~ 5 厘米，宽 0.5 ~ 1 毫米，先端具小刺尖，基部稍扩展下延，深绿色或有时带红色，光滑无毛或疏生短糙硬毛。穗状花序，小苞叶 2，狭披针形，先端具刺尖，边缘膜质；花被片形 5，透明膜质，披针形，果期背部生出不等形的短翅或草质突起。胞果倒卵形，果皮膜质；种子倒卵形。

猪毛菜 5 月开始返青，7 ~ 8 月开花，8 ~ 9 月果熟。果熟后植株干枯，于茎基部折断，随风滚动。嫩茎叶加工后可以食用。种子可榨油供食用，也可酿酒。果期全草可为药用，治疗高血压；效果良好。猪毛菜还是中等品质饲料，幼嫩茎叶，羊少量采食；6 ~ 7 月割取全草，切碎可生喂猪、禽，也可发酵饲用。

猪毛菜适应性、再生性及抗逆性均强，为耐旱、耐碱植物，有时成群丛生于田野路旁、沟边、荒地、沙丘或盐碱化沙质地，为常见的田间杂草。

3.2.2.3 豆科

在魏家窝铺遗址浮选出土的豆科种子有 9 粒，占出土植物种子总数的 9%。通过细部特征观察，这些豆科植物种子全部是黄芪属黄芪（*Legumenosae*）。

黄芪（*Legumenosae*）

黄芪一作"黄耆"，豆科黄芪属。分布于我国河北、山西、内蒙古等省区，主要生长于盐碱地、沙质地、砾石沙地及山坡上。喜凉爽，耐寒耐旱，怕热怕涝，适宜在土层深厚、富含腐殖质、透水力强的沙壤土种植，强盐碱地不宜种植，黄芪的根垂直生长可达 1 米以上，俗称"鞭竿芪"。土壤粘重根生长缓慢带畸形；土层薄，根多横生，分支多，呈"鸡爪形"。黄芪忌连作，不宜与马铃薯、胡麻轮作。黄芪种子硬实率可达 30% ~ 60%，直播当年只生长茎叶而不开花，第二年开花结实并能产籽。

黄芪的幼苗可以采食。《救荒本草》记载："黄芪，一名戴糁，一名戴椹，一名独椹，一名芰草，一名蜀脂，一名百本，一名王孙。……今处处有之。根长二、三尺。独茎，丛生枝干。采嫩苗焯熟，换水浸淘，洗去苦味，油盐调食。药中不疑，呼为羊肉。"黄芪的种子与根可以入药，有补肝肾、固精明目功效。

3.2.2.4 唇形科

在魏家窝铺遗址浮选结果中还发现了唇形科紫苏属紫苏种子（*Perilla frutescens*）1 粒。

紫苏（*Perilla frutescens*）

紫苏，别名"苏子""白苏""野苏""红苏"，唇形科紫苏属（*Perilla frutescens*），一年生草本植物。茎直立，高 50 ~ 120 厘米。被白色长柔毛，上部分枝。叶对生，有长柄，叶片宽卵形或近圆形，长 7 ~ 13 厘米，宽 4 ~ 10 厘米，先端短尖或骤尖，基部圆形或宽楔形，边缘有粗锯齿，两面通常为绿色、紫色或仅下面为紫色，有柔毛。轮伞花序含花 2，排列成偏向一侧的总状花序每花有 1 苞片；花萼钟状，二唇形，外有长柔毛和腺点；花冠白色至紫红色，唇形，上唇微凹，下唇 3 裂。小坚果近球形。千粒重 4 克。

紫苏分布在亚热带地区，2 月底至 3 月初开始出苗，以后至秋季能陆续出苗。在植物分类上适应性很强，对土壤要求不严，排水良好的沙质壤土、壤土，房前屋后、沟边地边，肥沃的土壤上均可栽培，生长良好。紫苏的营养价值较好，在营养期粗蛋白质含量很高，粗脂肪和灰分含量也较高；成熟期粗蛋白质含量虽有下降，但营养价值仍比较高。紫苏的叶、梗和籽粒均能食用，紫苏也是常见的中草药。根据四川、贵州省的群众实验证明，紫苏油饼可用作饲料，各种畜禽均喜食；提取芳香油后的茎叶，亦可用作猪、禽饲料。紫苏叶量大，产量高，氮、磷、钙含量较高，可作绿肥，也可作为固土护坡植物。

除上述植物种子外，在遗址浮选结果中还发现了炭化过甚而失去特征部位的未知种属的植物果实残块，出土数量很少，对分析帮助不大，因此不在此详述。

4　植物遗存统计分析

4.1　炭化木屑

经过对浮选结果的整理、分类与鉴定工作，下一步分析这些出土植物遗存与红山文化先民生活之间的关系。

魏家窝铺遗址三年的浮选结果所显示的炭化木屑峰值绝大多数在平均值以下，仅有少数几份样品高出平均值。2009 年平均每升土所含炭化木屑为 0.075 克，2010 年仅为 0.08 克，2012 年没有发现炭化木屑。其中炭化木屑含量大于 1 克的样品分别来自 F1 和 F36，F36 炭化木屑含量的峰值非常突出，达到 7.868 克，远远高于平均值，说明 F36 和炭化木屑是有关联的。一般而言，在古代被用作燃料的植物最有可能成为炭化植物遗存保存在遗址堆积中，此外炭化木屑的构成也可能是房屋顶部的房梁结构等建筑构件。目前我们还没有发现能够反映红山文化时期房屋建筑技术的考古资料，很难对房屋的构造进行科学的推测。2011 年，内蒙古文物考古研究所对内蒙古通辽哈民忙哈遗址（距今约 5700 ~ 5100 年）进行了发掘，在遗址东南部发现 7 座房址（F32 ~ 34、F36 ~ 38、F41），因遭火烧而较好地保存了房屋木质构件的坍塌遗痕，是我国第一次在史前遗址中发现此类遗迹，所清理出的房顶梁架结构对复原史前房屋建筑提供了重要的实证。哈民忙哈遗址与魏家窝铺遗址同处于西辽河流域，年代比较接近，在史前聚落布局与建筑技术方面存在相似性。根据哈民忙哈遗址的房址出土情况，推测魏家窝铺遗址的房屋应该也存在房顶梁架结构，那么魏家窝铺遗址 F36 出土的炭化木屑极有可能是房屋顶部的木构件。关于这一点还需要今后在发掘过程中对相关资料进行收集与分析。

4.2　农作物种子

在魏家窝铺遗址浮选出土的炭化植物种子中，属于农作物的粟和黍占出土炭化植物种子总数的 51%。这 51 粒粟和黍的形态特征与现代粟和黍基本一致，说明出土的粟、黍是处于完全栽培状态下的旱作农业品种。粟和黍是旱作农业经济中的主要农作物，在中国北方地区具有明显的地区优势和生产优势。在北方干旱地区、半干旱地区，从农业到畜牧业，从食用到加工出口，从自然资源利用到发展地方经济，粟和黍都是主要粮食作物，在国民经济发展中占有重要地位。

西辽河上游地区是中国北方旱作农业区的重要亚区之一，早在距今 8200 年前后的兴隆洼文化时期，以粟和黍为主的原始旱作农业就已出现。在兴隆沟遗址第一地点浮选出土的炭化植物种子中发现了粟和黍两种栽培谷物，其中炭化黍粒仍保留了较浓厚的野生祖本的特征，如粒形较长、尺寸较小。据此判断，第一地点出土的粟和黍应该属于栽培作物进化过程中的初期品种。说明早在新石器时代中期的兴隆洼文化阶段，西辽河上游地区就是中国北方旱作农业的重要起源地之一。魏家窝铺遗址的年代为红山文化早中期。红山文化在形成和发展过程中，一方面承继了本地区兴隆洼文化、富河文化和赵宝沟文化中的优势因素，另一方面大量吸收中原仰韶文化和东北地区诸多原始文化因素，整体文化面貌发生了显著变化。魏家窝铺遗址出土的粟和黍等农作物遗存，应该是西辽河上游地区兴隆洼文化时期旱作农业栽培与耕作技术的延续与发展。红山文化先民在漫长的生产生活实践中，在兴隆洼文化驯化与栽培技术的基础上，将粟和黍两种农作物作为本地区重要的农作物进行栽培与种植，推动了本地区旱作农业的发展。

受考古资料限制，对红山文化早中期经济形态的研究成果较少。魏家窝铺遗址浮选结果中发现粟和黍两种农作物遗存，通过对其形态特征的综合分析，证明西辽河上游地区在红山文化早中期已经出现了旱作农业。但是粟和黍在魏家窝铺遗址三年的浮选结果中数量非常少。在遗址中出土炭化植物遗骸少的原因是多方面的，我们推测魏家窝铺遗址出土炭化植物遗骸，尤其是农作物的种类与数量偏少的原因有几种可能：一是在遗址中农作物遗存埋藏量本身就较低；二是魏家窝铺遗址农作物遗存含量较高，代表了发达的农业经济，但是自然埋藏状况差或者提取样品过程中的误差导致出土农作物绝对数量低。魏家窝铺遗址各个遗迹单位埋藏较浅，保存状况较差，通过地表调查发现大量以灰土圈为代表的房址，个别房址的居住面已经被耕土层破坏，加之水土流失严重，以疏松的粉沙颗粒为主的土壤结构受风蚀作用影响，埋藏较浅的古代植物遗存被移动和毁坏。在发掘过程中选择的采样点应具有代表性，浮选样品的数量和每份样品的土量对浮选结果同样会产生重要的影响。魏家窝铺遗址 2009 年度先后采集浮选土样 91 份，土量总计 340 升，平均每份浮选样品的土量约为 3.8 升。浮选土样虽然具有代表性，但每份样品的土量偏低可能造成炭化植物遗存的数量偏低。2010 年，为了避免因采样土量偏低造成炭化植物种子数量偏低，有代表性的样品有了大幅度的增加，平均每份浮选样品的土量约为 7 升，土量比 2009 年增加了一倍，但是发现的粟、黍总数仅为 30 粒，绝对数量很低。说明土量的多少并没有影响到植物种子的出土绝对数量。结合兴隆沟第二地点出土农作物种子的数量分析，魏家窝铺遗址出土的粟、黍绝对数量较低，一方面可能是受遗址埋藏状况的影响，但主要反映的还是当时的客观实际情况。

　　需要说明的是，运用浮选法所获得的植物遗存在绝对数量上是有误差的，这些误差是炭化植物遗存在堆积、埋藏以及被提取过程中存在的各种自然或人为因素造成的。因此，在对考古遗址出土植物遗存进行量化分析时，除了要考虑植物遗存的绝对数量外，还应该结合其他计量方法，如植物遗存的"出土概率"作进一步的统计分析。植物遗存的"出土概率"是指"在遗址中发现某种植物种类的可能性，是根据出土有该植物种类的样品在采集到的样品总数中所占的比例计算得出的"[1]。这种统计方法的特点是不考虑每份浮选样品中所出土的各种植物遗存的绝对数量，仅以"有"和"无"二分法作为计量标准，其结果反映的是植物遗存在遗址内的分布范围。我们可以根据不同植物遗存的出土概率推断它们在当时人类生活中的地位及其所占比重。

　　根据魏家窝铺遗址浮选出土的农作物出土概率统计（图 1），粟和黍的出土概

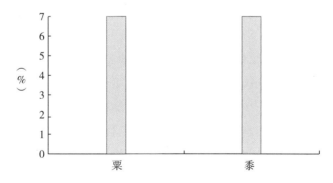

图 1　魏家窝铺遗址农作物出土概率

［1］赵志军：《植物考古学的实验室工作方法》，《植物考古学：理论、方法和实践》，科学出版社，2010 年。

率均仅为7%。结合遗址农作物绝对数量统计结果来看，以粟、黍为代表的农业遗存在魏家窝铺遗址中所占比重较小。

4.3　其他植物种子

在魏家窝铺遗址出土的植物种子中，属于禾本科狗尾草属的植物种子有24粒，并且绝大多数形态比较一致，呈扁圆形，胚部窄长，略有爆裂。狗尾草属种子一般为常见的田间杂草。杂草是伴随人类的出现而形成的、依附于人类生产和生活而存在于某种人工生态环境的特殊植物。在考古遗址的浮选结果中发现的田间杂草植物种子，如果数量相对显著，其所反映的就是农耕生产活动状况。魏家窝铺遗址出土粟、黍的绝对数量和出土概率很低，说明当时的农作物栽培技术与种植制度尚处于初级阶段，这些田间杂草有可能是随农作物的收获而被带入并埋藏在魏家窝铺遗址。（图2）

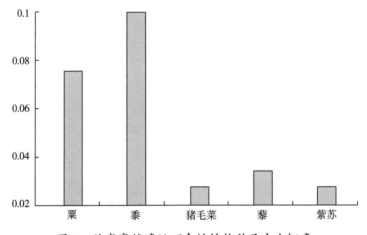

图2　魏家窝铺遗址可食性植物种子出土概率

采集野生蔬菜、野生水果或其他野生食物曾是人类获得食物的主要途径。直到今天，野生植物在某些地区依然是当地人的重要食物来源。近年来，受"回归自然"思潮的影响，野菜、野生菌、野果以及野生保健植物在市场上十分流行，一些野生食用植物成为现代都市群体的新宠。在魏家窝铺遗址浮选结果中，除了上述介绍的农作物粟和黍，以及数量较多的禾本科狗尾草属种子之外，还出土有藜科、唇形科植物种子，经鉴定，其中包括藜科藜属种子藜、猪毛菜属种子猪毛菜。以藜、猪毛菜为代表的藜科植物和以紫苏为代表的唇形科植物的嫩茎叶大多可以食用，在《救荒本草》《野菜博录》中多见记载，并详细介绍了采集、食用方法。现在一些地区仍在食用猪毛菜这类藜科植物，初春时节，待至猪毛菜长出嫩苗时，"采摘其嫩苗、嫩茎叶，沸水焯后换清水浸泡，炒食、和面蒸食、蘸酱或凉拌均可"[1]。遗址中所见到的猪毛菜种子有可能是魏家窝铺先民采集以备食用，或者作为杂草随农作物的收割被带到遗址内。

在浮选操作过程中，收入细筛的部分被称作轻浮部分，收入粗筛的部分又被称为重浮部分，实际是浮选的副产品。我们在对魏家窝铺遗址采集样品浮选的过程中也对重浮部分进行了提取，发现了大量的鱼骨和软体动物甲壳及部分动物骨骼，其中鱼骨的数量很大，这说明渔猎在魏家窝铺先民的经济生活中占有较大比重。在魏家窝铺遗址发掘过程中还发现有少量鹿角、大型淡水蚌类等动物骨骼，说明渔猎在魏家窝铺先民经济生活中具有相当重要的地位。这可能是魏家窝铺先民在农耕生产技术尚不发达、农业在经济生产活动中所占比重很低的情况下，能够维持村落规模的定居生活最主要的原因。

5　结论

经过科学地采样和系统的浮选，在魏家窝铺遗址获得了一定数量的炭化植物遗存，其中包括以粟和黍为主的栽培作物遗存，采集获得的藜科、唇形科等可食用的野生植物遗存，狗尾草等田间杂草类植物遗存。通过对浮选出土的植物遗存进行定性定量分析，我们认为，魏家窝铺先民虽然已经种植了粟和黍，但其经济生产活动的主体仍然是采集渔猎，属于农业的粟和黍的种植在当时仅仅是辅助性的生产活动。

附记：本文原载于《农业考古》2013年第3期，收入本书有改动。

---

[1]　哈斯巴根、苏亚拉图：《内蒙古野生蔬菜资源及其民族植物学研究》，科学出版社，2008年。

早期中国的农业

刘歆益[1] Dorian Q. Fuller[2] Martin Jones[3]
（孙宇峰[1]、田小冬[4]译，刘歆益[1]校）
1.圣路易斯华盛顿大学
2.伦敦大学学院
3.剑桥大学
4.中国人民大学

中国陆地辽阔，横跨多个生态区，从南部的热带到北部的温寒带，从西部的山区到东部的低地。这片陆地的 70% 由山脉、高原和丘陵组成，对大部分地区特别是西部内陆来说，水的管理和供应至关重要。这些特点导致了中国农作物生态的多样化和对水资源的精细利用，并在东部平原地区形成了最为集约化的农业。

在西部地区，高山降水和高原冰川提供了重要的水源，补给中国最长的两条河流——长江和黄河。长江全长约 6500 千米，先后流经山地丘陵和沼泽低地，最后在上海入海，流域面积为中国陆地面积的五分之一。黄河全长约 5500 千米，流经黄土高原，最后注入渤海。这两条河流的下游地区是中国最富饶的平原，也是中华文明演替的舞台。这两条河流还与两种重要的主粮有着久远的关联：长江流域的水稻种植，以及黄河流域的小米种植（黍和粟）。

水稻与小米的驯化范围应在两条大河的流域内，然而这些谷物最集中的种植区未必是原本的驯化中心。对水稻与小米的大规模利用出现在两条河流的下游平原。最早的粟、黍遗存出土于黄土高原边缘的山前地带，距离黄河及其支流有一定的距离。在人们可以有效管理河谷底部的水资源之前，从山麓地带径流和较高海拔获取水资源对北方旱地农业来说至关重要。最早的稻谷遗存出土于长江中下游以及淮河流域。这些早期水稻遗址多出现在易于管理的水流缓和的河流支流、山间盆地和冲积平原湿地。公元前二千纪，大规模农业管理拓展到长江黄河下游，日益庞大和复杂的灌溉技术为具有高势能的主要河流的利用提供了条件。公元前一千纪的文献中记载了与农业相关的大型水利设施的兴建，这些工程通常与治水名人相关，如孙叔敖（公元前 6 世纪）、西门豹（公元前 5 世纪）和李冰（公元前 3 世纪）。[1]

在中国主农区的北面，中部平原的西北侧是戈壁沙漠，继续向西则是贯穿欧亚大陆的山地和草原地带。从农业生态角度看，这两个地区被干旱环境以及严寒、漫长的冬季（植物生长期较短）所限制。但尽管如此，它们仍具有文化和农业上的重要意义。翻看中国历史上的几个篇章，北方民族牵动着南方地区的政治、生态格局，其流动性促使一系列对农业具有重要意义的家畜传入中国，如马和骆驼，还可能包括绵羊、山羊和黄牛。生活在中国西北部的农业—游牧人群也促进了重要农作物传入或传出中国。

全新世的一万年是农业扩张的时期，也是自然环境发生变化的时期。其中一个关键的推动力是季风系统，包括温暖潮湿的夏季季风和寒冷干燥的冬季季风。夏季季风将印度洋和太平洋的水汽带到中国南部和东部地区，有力缓和了大陆内部的干旱效应。冬季季风则夹杂着风沙从戈壁沙漠向黄土高原吹来。季风系统对陆地和海洋温差的敏感性使其成为东亚物理环境最大的影响因素，深刻影响着中国境内许多地区，特别是南部和东部地区的水资源供应。在中国西部，西风和本地蒸腾是水资源的决定因素。以上因素综合起来，共同造成了全新世早期干旱、中期湿润、中期之后干旱的局面。全新世适宜期在各地出现的时间不同，因地而异，受季风的牵动。例如在黄土高原，温暖、湿润的全新世中期从距今约 8500 年前延续到距今约 5000 年前。换言之，这一时期发生在人类栽培作物的最早阶段之后，与驯化作物的建立与传播同时，在下文所要讨论的食物全球化这一阶段之前。

1 研究简史

在中国，对植物和动物遗存的研究历史与考古学本身一样古老。早在 1928 年周口店洞穴遗址的发掘过程中便已对此类遗存进行了研究。[2] 1931 年，在安阳遗址的发掘过程中也对动植物遗存进行了研究。中国考古学作为一个学科的发展在很多方面反映了 20 世纪不断变化的社会和政治情境，考古研究成果时而被用来证实社会和政治理论。很多学者都注意到中国考古学实践与 20 世纪上半叶民族认同的

［1］ Needham J., Bray F. (1984). *Science and Civilisation in China, vol. VI: Biology and Biological Technology, Part II : Agriculture. Cambridge*: Cambridge University Press.

［2］ 陈星灿：《中国史前考古学史研究（1895～1949）》，生活·读书·新知三联书店，1997 年。

建构有密切关系。[1]

1949～1979 年，考古学思想受到单线社会进化理论的影响，关于古代农业体系的出版物往往侧重于生产关系和阶级斗争。如郭沫若（1972 年）关于中国社会发展三个阶段的假设：原始社会、奴隶制社会和封建制社会，涉及新石器时代、青铜时代早期和青铜时代晚期的考古学材料。

1979 年以来，中国考古学各方面都取得了长足的发展。改革开放打开了中国走向世界的大门，中西方学术交流加强，西方考古学方法和理论也得以引进中国。涉及史前农业的文章数量成倍增加，20 世纪 80 年代还发行了两种与农业有关的期刊，即《农业考古》和《古今农业》。

20 世纪 90 年代浮选法尚未推广以前，古代植物遗存只被零星收集，相关研究主要侧重于分类鉴定。中国植物考古学（研究考古发掘出土的植物遗存）从 20 世纪 90 年代开始建立，其背景是逐渐加强的国际学术交流。1986 年，黄其煦访问剑桥大学后，在《农业考古》上发表了一篇文章介绍埃里克·希格斯（Eric Higgs）小组所开发的浮选系统。20 世纪六七十年代，"希格斯学派"将这一浮选方法用于亚洲西南的早期农业研究中。[2]熊海堂随后在同一期刊上发表了一篇报道，描述了他访问日本名古屋大学期间所见情景。1992 年，中国社会科学院考古研究所主导李楼遗址发掘时使用了浮选法。与此同时，多伦多大学的植物考古学家 Gary Crawford 将改进版的 SMAP 型浮选仪（最初由美国学者 Patty Jo Watson 设计）引入东亚考古学研究，先是日本和韩国，然后到达中国。近 20 年来，系统浮选法在中国得到广泛应用，植物考古学迅猛发展。中国社会科学院考古研究所的植物考古学家赵志军（图 1）对浮选法在中国的普及起到了关键作用。2011 年，赵志军发文介绍，基于浮选法的植物考古研究已在超过 80 处的遗址开展，浮选了超过 7000 个土壤样本，发现了大量的炭化植物遗存。[3]在植物考古材料迅速积累的同时，对这类材料的分析和认识也有了提高。

[1]　Liu, X., Jones, M.K. (2008). When archaeology begins: the cultural and political context of Chinese archaeological thought. *Bulletin of the History of Archaeology*,18, 25‐27.

[2]　Higgs, E. S. (1972). *Papers in Economic Prehistory*. Cambridge: Cambridge University Press.

[3]　Zhao, Z. (2011). New archaeobotanic data for the study of the origins of agriculture in China. *Current Anthropology*, 52，Supplement 4, 295‐304.

图 1　在陕西柳林遗址通过浮选法获取炭化植物遗存（照片由赵志军提供，中为赵志军）

2　根深蒂固的东方烹饪传统：煮和蒸

　　与世界其他地区相比，年代久远的陶器遗存是东亚考古学的一个重要特征。资料显示，长江流域的制陶传统可追溯到距今 1.8 万年前，出土于西伯利亚和日本部分地区的陶器也几乎一样古老，而中国北方最早的陶器可以追溯到距今 1.2 万年前后。[1]这些早期陶器与狩猎采集者有关，他们用陶器煮鱼和植物性食物。西南亚洲陶器的出现则相对较晚，大约是在人们开始栽培和驯化植物一千年以后（距今约8500 年前）开始出现的。西南亚洲的"前陶新石器时代"文化广泛使用石磨将食

[1]　a. Boaretto, E., et al. (2009). Radiocarbon dating of charcoal and bone collagen associated with early pottery at Yuchanyan Cave, Hunan province, China. *Proceedings of the National Academy of Sciences*, 106, 9595 - 9600.

　　　b. Kuzmin, Y. V. (2013). Two trajectories in the Neolithization of Eurasia: pottery versus agriculture (spatiotemporal patterns). *Radiocarbon*, 55, 1304 - 1313.

材磨成粉状，并建造黏土烤炉（类似馕坑）烘焙面包和烤制食品，这与东亚的情况完全不同。在中国，新石器时代的先民精心制作了用于煮、蒸和盛放食物的陶质容器。[1]

西亚早期的烹饪传统以粉食—烘烤为主，而虽然中国史前时期也存在磨盘，但东亚的烹饪—饮食传统一直以粒食—蒸煮为主。烹饪—饮食传统的形成很可能早于植物驯化，即烹饪方式的不同影响了农业起源时期东、西方对谷物的选择：欧亚大陆西部的人们选择富含谷物蛋白的谷物（例如小麦、大麦）以适应制作面包的需求，东亚人群则更重视谷物的淀粉质量以适应粒食—蒸煮传统，体现在对水稻、小米的选择上。相比于欧亚大陆西部，中国与东亚地区在烹饪传统上一直保持鲜明的粒食—蒸煮特色。[2]

东亚独特的烹饪传统对本地谷物的选择最终体现在糯性特征上，包括糯水稻和糯小米。谷物糯性与否是由"糯性基因"的突变决定的，突变的基因抑制直链淀粉而增加支链淀粉。具有这种特性的谷物如糯水稻、糯小米甚至糯玉米，主要分布在东亚和东南亚。有学者将这一独特的被烹饪传统影响的地理分布称为"糯胚乳淀粉"文化区域。[3]这种对糯性谷物的偏好，在不同的历史时段作用于几种不同的谷物，例如北方起源的谷子，表明了强烈的饮食文化偏好的作用。

3　北方的起点：从小米到大豆和大麻

两种小米，黍（*Panicum miliaceum*）和粟（*Setaria italica*，图 2）被认为起源于中国北方，它们在现代和古代汉语中还有很多其他名字。黍和粟是新石器时代先民的主要卡路里来源（仰韶、大汶口和龙山等文化的主食传统），也是商周时期先民的主粮。[4]

粟的野生祖本是狗尾草（*Setaria viridis*），这是一种广泛分布于东亚地区的一年生草本植物。然而，确认狗尾草的原始分布范围十分复杂。因为这一物种趋向于生长在人类栖息地周边或人为改造的环境中，常常作为田间杂草或路边野草出现，

[1] Fuller, D. Q., Rowlands, M. (2009). Towards a long-term macro-geography of cultural substances: food and sacrifice traditions in East, West and South Asia. *Chinese Review of Anthropology*, 12, 1–37.

[2] Fuller, D. Q., Rowlands, M. (2011). Ingestion and food technologies: maintaining differences over the long-term in West, South and East Asia. In T. C. Wilkinson, et al., *Interweaving Worlds: Systematic Interactions in Eurasia, 7th to the 1st Millennia BC*, 37–60. Oxford: Oxbow.

[3] a. Eriksson, G. (1969). The waxy character. *Hereditas*, 63, 180–204.
b. Sakamoto, S. (1996). Glutinousendosperm starch food culture specific to Eastern and Southeastern Asia. In R. Ellen and K. Fukui, *Redefining Nature: Ecology, Culture and Domestication*, 215–231. Oxford: Berg.

[4] Bray and Needham, *Science and Civilization in China*, 3–8.

图 2　敖汉旗兴隆沟遗址附近的粟田

此外还有驯化谷子野化而来的种群。事实上，狗尾草作为一种杂草广泛分布于北美洲，它是在过去几百年随欧洲农业传入北美的野草。无论如何，粟野生祖本的原始栖息地可能在受自然扰动频繁的地貌里找到，例如河流冲击平原的高处，包括黄河及支流。

黍的野生祖本则仍存在争议。从形态学角度出发，拉丁名为 *Panicum miliaceum var. ruderale* 的 "野稷" 被一些学者推断为黍的野生祖本。[1] 这种从东欧到东亚广泛分布的稗（*ruderale*）型杂草在人迹罕至的地方生长茂盛。我们对黍的野生祖本的原始分布范围也一无所知，仅推测它们可能生长于干旱的黄土高原北部和中国北方草原。

我们对黍和粟是如何从野生祖本驯化而来的认识仍十分有限。与水稻、小麦和大麦不同，黍和粟非落粒特征人工选择的考古学证据仍然缺失，而这是认识禾本科植物驯化过程的关键一环。在大多数已知种子作物的驯化过程中，籽粒尺寸的增长与非落粒性通常一起演变。[2] 因此，这是一个可以显示中国小米驯化过程的潜在指标。人们注意到，新石器时代黍和粟籽粒的尺寸逐渐增大，形态也逐渐变化。学者推测，新石器时代早期如兴隆沟遗址出土炭化黍（图 3）的种子颖果形态和尺寸介于野生黍和现代黍之间，也许代表了黍驯化的早期阶段。[3] 籽粒尺寸的增加和形态

［1］ Zohary, D., Hopf, M. (2000). *Domestication of Plants in the Old World, 3rd edn*. Oxford University Press.

［2］ Fuller, D. Q., et al. (2014). Convergent evolution and parallelism in plant domestication revealed by an expanding archaeological record. *Proceedings of the National Academy of Sciences*, 111, 6147 - 6152.

［3］ 赵志军：《从兴隆沟遗址浮选结果谈中国北方旱作农业起源问题》，见南京师范大学文博系编《东亚古物（A卷）》，文物出版社，2004年，188～199页。

的改变似乎也与中国北方植物遗存组合中粟、黍比例的变化有关联。虽然粟、黍驯化的时机和过程仍不清晰，但上述证据表明粟、黍的驯化和中国北方早期栽培系统的发展是一个漫长的过程。最近的基因考古研究表明了黍的地理分布与起源中心的关系。[1] 虽然微卫星标记研究同时支持黍的单一起源（中国北部）和欧亚大陆双中心起源两个假说，但"蜡质基因"（控制谷物"糯性"特征）点位研究所得出的结论更支持中国北方单一起源并扩散的理论。

图 3　兴隆沟遗址出土的炭化黍遗存（距今约 7700 年）

　　山西两个更新世末期的遗址为史前农业的植物利用研究提供了植物微体和工具微痕证据。柿子滩遗址（距今约 12700 ~ 11600 年）的淀粉粒鉴定为栎属（*Quercus* sp.）、豇豆属（*Vigna* sp.）、薯蓣属（*Dioscorea* sp.）和黍亚科（*Panicoideae*）草本植物[2]，其中黍亚科包括驯化的黍和粟。在关于下川遗址（距今约 23900 ~ 14600 年）研磨工具的微痕研究中，考古学家观察到可能由捣击和研磨活动产生的微痕[3]，其中有类似研磨未经烘干的软壳谷物所产生的痕迹。这些考古证据与粟、黍的驯化过程和大植物遗存并没有直接关联，但暗示着在更新世末期存在某种采集后的种子加工技术。这种加工技术使得草籽成为人类食物变成可能。在粟、黍被驯化之前，适于蒸煮的陶制品的发展则显然代表了另外一种

［1］　a. Hunt, H. V., et al. (2011). Genetic diversity and phylogeography of broomcorn millet (*Panicum miliaceum* L.) across Eurasia. *Molecular Ecology*, 20, 4756 - 4771.

　　　b. Hunt, H. V., et al. (2013). Waxy phenotype evolution in the allotetraploid cereal broomcorn millet: mutations at the GBSSI locus in their functional and phylogenetic context. *Molecular and Biological Evolution*, 30, 109 - 122.

［2］　Liu, L., et al. (2013). Paleolithic human exploitation of plant foods during the last glacial maximum in North China. *Proceedings of the National Academy of Sciences*, 110, 5380 - 5385.

［3］　Liu, L., Chen, X. (2012). *The Archaeology of China: From the Late Paleolithic to the Early Bronze Age*. Cambridge: Cambridge University Press.

加工坚硬谷粒的重要方法。

从更新世转向全新世早期，中国北方小米的植物考古学证据更加清晰。除了炭化谷物遗存外，来自植硅石和淀粉粒的证据将与粟、黍相关遗存的最早年代上溯至距今一万年前。证据主要来自北京、河北的几个遗址，包括东胡林、南庄头和磁山遗址。在目前已发表的数据中，年代最早的为公元前第十千纪。最早对粟或狗尾草的人工利用出现在北京东胡林遗址（约公元前 7500 年）和河北南庄头遗址（约公元前 9500 年）。这两个都是全新世初期的遗址，相关研究都是淀粉粒分析。[1] 就黍而言，目前公布的材料中年代最早是河北磁山遗址灰坑中出土的植硅石遗存。[2] 植硅体鉴定为 Panicum miliaceum 是有合理依据的，但不能排除这些遗存属于黍的野生状态。对灰坑中相关沉积物的 AMS 放射性碳测年范围在公元前 8500 至前 7500 年之间，但学界对这一年代的确定性尚有争议。

最早的炭化大植物遗存出现在公元前第五、六千纪交界时。一些遗址的炭化黍和粟可追溯至公元前 5000 年以前（公元前第六千纪）[3]，包括内蒙古的兴隆沟、辽宁新乐、山东月庄，北京的东胡林，河北的磁山，河南的裴李岗、沙窝李、坞罗西坡以及甘肃的大地湾。以上遗址在地理分布上有个显著特征，即它们集中在黄土高原和内蒙古高原的东缘。两大高原的东面是中国北方的两大冲积平原——华北平原和东北平原。在高原和平原之间，大兴安岭、燕山、太行山、伏牛山等山脉呈东北—西南走向，延绵约 2500 千米。上述遗址大都出现在这条山线东侧的山前地带，形成中国旱地农业起源的山前地带（Hilly Flanks）。其他与早期粟、黍种植相关的遗址也都出现在类似的地貌中，例如大地湾遗址位于秦岭山前、岳庄和后李文化遗址位于泰沂山前。

这些出土有粟、黍的遗址都位于距其最近的河道上方，位于高地和山脚松软沉积物之间的斜坡断崖处，便于收集雨水用于灌溉土地。[4] 虽然涉及不同的沉积物类型和不同的历史地貌，但这种分布特点与西南亚早期农业区多位于冲积扇地貌颇为类似。这种模式被 Claudio Vita-Finzi 描述为"地理机会主义"，也被 Andrew Sherratt

---

[1] Yang, X., et al. (2012). Early millet use in northern China. *Proceedings of the National Academy of Sciences*, 109, 3726 - 3730.

[2] Lu, H., et al. (2009). Earliest domestication of common millet (*Panicum miliaceum*) in East Asia extended to 10,000 years ago. *Proceedings of the National Academy of Sciences*, 106, 7367 - 7372.

[3] Liu, X., et al. (2009). River valley sand foothills: changing archaeological perceptions of North China's earliest Farms. *Antiquity*, 83, 82 - 95.

[4] Liu, X., et al. (2009). River valley sand foothills: changing archaeological perceptions of North China's earliest Farms. *Antiquity*, 83, 82 - 95.

描述为"集水农业",与中国北方的粟、黍农业景观形成了有趣的呼应。[1]

植物考古学一个尚未解决的谜题是早期炭化黍在旧大陆的两侧都有出现。欧洲和高加索地区有大约 20 个公元前六千纪到公元前五千纪之间的遗址有炭化黍出土(植物鉴定到种:*Panicum miliaceum*)。[2]但直接放射性碳年代测定表明,这些"早期"证据中至少有一些,甚至可能所有证据都在年代上存疑(即有近代种子混入新石器时代地层)。粟、黍到达欧洲的年代仍需要确认。

炭化大植物可用于建立粟、黍的地理分布模型和年表,但炭化大植物遗存的量化分析很难反映粟、黍在人类食谱中所占的实际比例,就像炭化大植物遗存对考古遗址的形成过程一样敏感(如上述晚期黍遗存混入早期地层问题)。对骨骼稳定同位素的测量则可以反映古食谱,应用这一方法可以更有效地理解粟、黍对古人类食谱的贡献。越来越多的人类稳定同位素值表明,从公元前 5000 年开始,中国北方地区 C_4 作物(我们认为这些地区的 C_4 信号来源于黍和 / 或粟)的消费量已经普遍增加。[3]更早期的人骨稳定同位素数值则体现出更多样的特征,无论是不同遗址之间,还是不同个体消费者之间。在早于公元前 5000 年的有粟、黍出土的五个考古学文化中,其人类骨骼遗骸的稳定同位素数据显示只有一个考古学文化没有消费粟、黍,两个考古学文化为 C_4、C_3 植物混合消费形态。[4]在这五个考古学文化中只有一个有可观的小米消费,即兴隆洼遗址。

我们将注意力从欧亚大陆的东部转移到西部,虽然这一时期的考古学材料包括粟、黍,但人骨稳定同位素研究表明,新石器时代欧亚西部地区先民的饮食主要基于 C_3 资源。直到意大利的青铜时代(公元前 1500 ~ 前1100 年)和中欧的铁器时代(公元前 800 ~ 前 400 年),这些地区的人骨稳定同位素数据才显示出 C_4 作物消费,但从未像中国北方新石器时代那样突出。[5]

根据已发表的植物考古学材料,约公元前 5000 年中国北方地区先民对粟、黍的依赖性加强。在此之前虽然许多考古学文化都有一定程度的小米消费,但粟、黍

[1] a.Vita-Finzi, C. (1969). Geological opportunism. In P. J. Ucko and G. Dimbleby, *The Domestication and Exploitation of Plants and Animals*, 31 - 34. London: Duckworth.
b. Sherratt, A. G. (1980). Water, soil and seasonality. *World Archaeology*, 11, 313 - 30.
[2] Hunt, H. V., et al. (2008). Millets across Eurasia: chronology and context of early records of the genera Panicum and Setaria from archaeological sites in the Old World. *Vegetation History and Archaeobotany*, 17, 5 - 18.
[3] Lightfoot, E., et al. (2013). Why move starchy cereals? A review of the isotopic evidence for prehistoric millet consumption across Eurasia. *World Archaeology*, 45, 574 - 623.
[4] Liu, X., et al. (2012). The earliest evidence of millet as a staple crop: new light on Neolithic foodways in North China. *American Journal of Physical Anthropology*, 149, 238 - 290.
[5] Lightfoot, E., et al. (2013). Why move starchy cereals? A review of the isotopic evidence for prehistoric millet consumption across Eurasia. *World Archaeology*, 45, 574 - 623.

只在兴隆洼遗址成了人类的主食。

新石器时代的先民不仅仅靠粟、黍来维持生活，在新石器时代中期，新的驯化物也开始为人类饮食和生活做出贡献，包括猪、大豆和大麻种子。

根据考古学资料，最早利用大豆的是今黄河河道以南地区，而不是中国东北地区。例如在贾湖遗址发现较多的大豆属，可追溯到公元前七千纪晚期。[1]贾湖遗址出土的大豆属籽粒很小。种子大小的变化表明驯化选择在公元前 3650~前 1450 年间比较明显。[2]朝鲜半岛考古发现的大豆年代与黄河流域的大致相当，说明两个地区的大豆选择可能属于一个驯化路径，也可能两个驯化过程是紧密联系但相互平行的路径。日本的大豆驯化路径则是独立的，下宅部遗址绳纹时代中期的大豆遗存是典型的例子。[3]

除了药用，大麻（*Cannabis sativa*）还被用作油料和纤维作物。在中国刚开始有文字记载的时候，大麻就已经是一种可食用的种子作物和药物了。[4]虽然其野生祖本的原始分布尚不清楚，除了遍布中亚的野生种群，大麻也是中国北方半干旱黄土高原开放环境中的一种原生植物。[5]遗传证据则似乎支持大麻在亚洲有一东一西两个独立的驯化路径。[6]关于大麻的植物考古学证据很少，马家窑文化的甘肃林家遗址、商代的河北台西遗址和山东大辛庄遗址曾出土过大麻。

古代中国是家猪的起源中心之一。近来几何形态测量法（动物骨骼形态计算模型）被应用于动物考古研究，这些研究结果指向了一个中国中部地区的驯化过程。淮河流域的贾湖遗址、仰韶文化的西水坡遗址在几何测量上接近家猪。[7]对家猪骨骼的稳定同位素分析可以检测到家猪何时成为粟、黍的主要消费者，野猪不会消费粟、黍，猪消费粟、黍就意味着它们或是被先民圈养，或是摄入了小米消费

［1］赵志军：《河南舞阳贾湖浮选结果》，《植物考古：理论、方法与实践》，科学出版社，2010 年，第 108~118 页。

［2］Fuller, D. Q., et al. (2014). Convergent evolution and parallelism in plant domestication revealed by an expanding archaeological record. *Proceedings of the National Academy of Sciences*, 111, 6147–6152.

［3］Lee, G. A., et al. (2011). Archaeological soybean (*Glycine max*) in East Asia: does size matter? *PLoS ONE*, 6, e26720.

［4］a.Li, H. L. (1974). Anarchaeological and historical account of cannabis in China. *Economic Botany*, 28, 437–448.
b. Li, H. L. (1974). The origin and use of cannabis in Eastern Asia: linguistic-cultural implications. Economic Botany, 28, 293–301.

［5］Li, H. L. (1983). The domestication of plants in China: some ecogeographical considerations. In D.N. Keightley, *The Origins of Chinese Civilization*. Berkeley: University of California Press.

［6］Hillig, K. W. (2005). Genetic evidence for speciation in cannabis (Cannabaceae). *Genetic Resources and Crop Evolution*, 52, 161–180.

［7］Cucchi, T., et al. (2009). New insights into pig taxonomy, domestication and human dispersal in island South East Asia: molar shape analysis of Sus remains from Niah caves, Sarawak. *International Journal of Osteoarchaeology*, 19, 508–530.

者的厨余垃圾或者粪便。对大地湾遗址出土动物骨骼的同位素分析，显示了公元前4500年以后仰韶时代人们以粟、黍等谷物（或人类厨余）喂猪的行为，这与同一遗址在大地湾时期（约公元前5500年）的情形形成反差。[1]

4 南方的起点：长江流域的早期稻农

稻作农业被认为起源于长江流域（图4）。从20世纪70年代在河姆渡（距今7000～6300年，图5），这一新石器时代的饱水遗址发现大量水稻，到20世纪90年代长江中游地区如彭头山和八十垱遗址的考古发现，长江流域从一开始就被学者们认为是水稻的起源地。[2]一直以来都有考古和基因学的证据指向籼稻在印度的独立起源。[3]新的证据表明，在印度的确存在一个很早的野生水稻利用传统。而距今4000年前后从东亚传入的长江流域栽培品种与南亚当地水稻杂交，进一步强化了印度水稻的利用，并促进了籼稻驯化的完成[4]。

在长江流域的南方地区，出土于更新世洞穴遗址的植硅体遗存令学者们假设了一个更南方的驯化中心。[5]然而通过植硅体准确地鉴定早期栽培行为或形态学意义上的驯化水稻，仍是待讨论的问题。距今18000年前开始，长江地区的移动狩猎采集人群发明了陶器这一新的食物加工工具[6]，更多的定居村落在距今9000年前后出现。尽

[1] Barton, L., et al. (2009). Agricultural origins and the isotopic identity of domestication in northern China. *Proceedings of the National Academy of Sciences*, 106, 5523–5528.

[2] a. Cohen, D. J. (2011). The beginnings of agriculture in China: a multiregional view. *Current Anthropology*, 52, Supplement 4, S273–93.
b. Gary W. Crawford 等：《山东济南长清区月庄遗址发现后李文化时期的炭化稻》，《东方考古（第3集）》，科学出版社，2006年，第247～251页。
c. Higham, C. (2005). East Asian agriculture and its impact. In C. Scarre, *The Human Past: World Prehistory and the Development of Human Societies*, 234–263. London: Thames & Hudson.

[3] Fuller, D. Q. (2002). Fifty years of archaeobotanical studies in India: laying a solid foundation. In S. Settar and R. Korisettar, *Indian Archaeology in Retrospect*, vol. III, 247–363. New Delhi: Indian Council of Historical Research.

[4] a. Fuller, D. Q. (2011). Pathways to Asian civilizations: tracing the origins and spread of rice and rice cultures. *Rice*, 4, 78–92.
b.Fuller, D. Q., Qin, L. (2010). Declining oaks, increasing artistry,and cultivating rice: the environmental and social context of the emergence of farming in the lower Yangtze region. *Environmental Archaeology*, 15, 139–159.

[5] a. Yasuda, Y., Negendank, J. F. (2003). Environmental variability in East and West Eurasia. *Quaternary International*, 105, 1–6.
b. Zhao, Z. (1998). The middle Yangtze region in China is one place where rice was domesticated: phytolith evidence from the Diaotonghuan Cave, northern Jiangxi. *Antiquity*, 72, 885–897.

[6] Boaretto, E., et al. (2009). Radiocarbon dating of charcoal and bone collagen associated with early pottery at Yuchanyan Cave, Hunan province, China. *Proceedings of the National Academy of Sciences*, 106, 9595–9600.

图 4　浙江省的稻田

图 5　新石器时代河姆渡遗址

管野生稻遗存在距今 15000 年前已经在该地区的考古遗址中出现，但尚不清楚水稻利
用在狩猎采集人群生业系统中所占比例如何。近来的植物考古学研究表明，在距今
7000～6000 年的河姆渡文化时期，长江下游地区的水稻驯化过程还在进行，在这一阶

段之后才最终完成。[1]也就是说，这一地区的水稻栽培大约始于距今 10000~9000 年前。在长江中游，这一驯化过程开始的要更早一些，但驯化过程与长江下游平行。分布于淮河和长江其他北方支流（如汉江）流域的遗址可能也存在早期水稻栽培中心。目前关于早期水稻栽培行为和水稻驯化过程起步的证据仍不甚清晰，考古研究提供了水稻何时完成驯化的证据，但无法提供水稻驯化何时开始的证据。

植物考古学研究显示，水稻种植是在广谱采集的背景下产生的。广谱经济下采集的食物主要是树木坚果类，如各种橡树种的橡子、湿地坚果，尤其是菱角（Trapa natans）和芡实（Euryale）。除了采集和储存坚果外，趋于定居的社会开始管理淡水湿地边缘的浅滩，以种植多年生野生稻（Oryza rufipogon sensu stricto），淡水鱼也被大量开发利用。在杭州湾地区，杆栏式长屋村落在跨湖桥和河姆渡文化发展起来，暗示大型的扩展家户群体的出现，并延续了上山遗址（距今 10000~8500 年）定居采集的传统。在长江中游的彭头山文化中，房屋主要是圆形半地穴式，适合较小的社会群体，此外只有少数正交式建筑。正交式建筑在随后的大溪时期（距今约 6500 年）变得更加标准化。在这一阶段，稻米成为人类食谱中坚果的补充，并在大约 2000~3000 年的时间里逐渐取代坚果成为主食。同一时期，水稻进化出驯化特性以适应栽培和收获，包括野生型作物种子丧失自发播种的特性，这是考古学判断驯化的关键特征，其他驯化特征还包括籽粒逐渐增大、闭合穗、种子数量增加、直立生长习惯、一年生特性加强等。

越来越多的植物考古学证据以及保存完好的农田系统为我们重建早期驯化—栽培系统提供了可能。最初的驯化行为可能发生在湿地的边缘，包括改造湿地边界以控制水深、旱季烧荒和植被清理、土壤改造等。从距今约 6000 年开始水稻遗存显示出明显的驯化特征，人工水田的证据也开始出现，例如太湖以东长江下游地区的绰墩和草鞋山遗址。[2]这些早期水田遗迹包括一系列直径 1~2 米的椭圆形坑形田地（图 6），表明早期栽培者对水稻进行小规模集约化的管理，肥沃水田土壤，易于排水，方便收割。这些颇具特色的早期水田与较小的屋室遗迹相关，可能暗示着核心家庭的存在。在长江中游的城头山遗址，沿着隆起的堤岸自然轮廓分布的狭长

[1] a. Fuller, D.Q., Qin, L. (2009). Water management and labour in the origins and dispersal of Asian rice. *World Archaeology*, 41, 88‒111.
b. Fuller, D. Q., Qin, L. (2010). Declining oaks, increasing artistry, and cultivating rice: the environmental and social context of the emergence of farming in the lower Yangtze region. *Environmental Archaeology*, 15, 139‒159.
c. Fuller, D.Q., et al. (2010). Consilience of genetics and archaeobotany in the entangled history of rice. *Archaeological and Anthropological Science*, 2, 115‒131.
[2] Fuller, D.Q., Qin, L. (2009). Water management and labour in the origins and dispersal of Asian rice. *World Archaeology*, 41, 88‒111.

水田（约宽 2.7 米，长度超过 20 米），加之相关的植物考古材料，可能显示了当时
人们利用浅水环境种植水稻的行为。[1]此时的房屋作为永久定居点也是长矩形，显
示了比早期的八十垱和彭头山遗址更大的家户关系和社会组织。

图 6　绰墩遗址水田系统（约距今 6000 年前）

距今约 6000 年前，即长江中游的大溪时期和长江下游的马家浜时期，栽培水稻
已经成为人类的主食，这也构成了随后几个世纪社会复杂化和人口增长的基础。在
长江中游地区，生产力的提高和对水稻的栽培促进了人口的增长，公元前三千纪的
屈家岭和石家河文化出现了大规模聚落。在以早期城市、精美的玉器和其他工艺品
著称的长江下游地区的良渚文化（公元前 3300~前 2300 年）中，集约化种植的水稻
成为其经济基础。良渚的中心遗址包括令人印象深刻的城墙，运河系统，人工堆筑
的土台，以及贵族墓葬（如莫角山遗址）。位于莫角山附近同属良渚时期的茅山遗址
已经有了现代稻农所熟悉的大型水田系统（图 7），长长的垄和堤坝将方形区域分割
为块状土地，便于从溪流引水灌溉。家猪、瓜和葫芦是除稻米外有清晰证据的家畜
与栽培植物。当时人们可能还种植柿子和桃子等果树，以及苎麻等纤维作物和养蚕
的桑树等。最早的织物品来自良渚，证明在良渚时期存在苎麻或丝绸生产，而纺锤
上的螺纹则说明植物传统可以追溯到跨湖桥、河姆渡以及长江中游新石器时代早期
的水稻栽培者。

[1]　a. Fuller, D.Q., Qin, L. (2009). Water management and labour in the origins and dispersal of Asian rice. *World Archaeology*, 41, 88 - 111.

　　b. Nasu, H., et al. (2012). Land-use change for rice and foxtail millet cultivation in the Chengtoushan site, central China, reconstructed from weed seed assemblages. *Archaeological and Anthropological Sciences*, 4, 1 - 14.

图 7　茅山遗址水田系统（公元前 4700 ~ 前4200年）

新石器时代长江流域建立的水稻体系为农业进一步向南，如福建、广东和广西等地区的传播提供了基础。水稻传播到这些地区的时间约在距今 5000 ~ 4500 年前[1]，粟此时至少已南传至广西（可能由长江中游地区传入，长江下游尚未有明确的粟的证据）。这一观点也得到了相关物质文化的支持。[2] 来自中国南方的水稻和粟在距今 4000 年前进一步扩展到东南亚大陆。[3] 在水稻之前，当地居民食用淀粉类食物，如棕榈淀粉、香蕉、箭根和薏苡，目前尚无证据表明这些食物是种植而得，而非采集。[4] 尽管当地开始栽培水稻，但水稻种植规模在一段时间内仍然有限，有证据表明人口增长、农业对更大范围地质景观的影响（可从近海沉积物中侵蚀信号得知）发生在约公元前 500 年以后。[5]

与中国北方粟、黍二元作物系统不同，新石器时代长江流域的主粮相对单一，除水稻外没有其他重要的粮食或油料作物作为补充（新石器时代大豆的证据主要在北方）。这与西南亚洲与南亚部分地区所呈现的包括多种谷物和豆科植物的农作物多样性形成了对比和差异。而长江流域在农业产生最初的两到三千年间几乎完全是稻作农业（仅在长江中游地区有小规模粟的种植）。虽然缺乏明确的驯化的形态学证据，但可能从大溪时期城头山居民就已经开始种植紫苏（*Perilla frutescens*）和甜瓜

［1］ Lu, T. L. D. (2009). Prehistoric coexistence: the expansion of farming society from the Yangzi River to western South China. In K. Ikeya, et al., *Interactions Between Hunter-Gatherers and Farmers:From Prehistory to Present*, 47 - 52. Osaka:National Museum of Ethnology.

［2］ Zhang, C., Hung, H.-C. (2010). The emergence of agriculture in southern China. *Antiquity*, 84, 11 - 25.

［3］ Castillo, C. (2011). Rice in Thailand: the archaeobotanical contribution. *Rice*, 4, 114 - 120.

［4］ Yang, X., et al. (2013). Sago-type palms were an important plant food prior to rice in southern subtropical China. *PloS ONE*, 8, e63148.

［5］ Hu, D., et al. (2013). Holocene evolution in weathering and erosion patterns in the Pearl River delta. *Geochemistry, Geophysics, Geosystems*, 14, 2349 - 2368.

（*Cucumis melo*）了。[1] 黄河地区的农业通过利用粟、黍外的驯化作物（如大豆、大麻）以及引入外来物种（如小麦、水稻）策略，形成了多种农作物互补的局面（下文讨论的"五谷"传统）。长江流域的早期农业是单一的稻作农业。但长江流域最终也走上了农业多样化的道路，特别是在距今 4000 年前，这一地区的生业传统受到黄河流域早期国家的影响和辐射，小麦和大豆等北方作物传入长江流域。

5　西方的影响：从小麦到车轮

新石器时代末期，中国腹地区域性复杂社会历经兴衰动荡，并与中亚有了早期贸易接触，极大地促进了对西方驯化物种和其他技术的吸收。虽然黍最早是何时出现在欧亚大陆以及东部仍难以确定，但可以确定从公元前第三个千年开始，粟、黍在中国以外地区的传播与作物和牲畜（特别是小麦和大麦，牛和绵羊）向东扩散到中国是平行的。这一过程也被称作青铜时代的食物全球化。[2] 由于几种中国驯化植物，包括粟、黍、粳米、桃、杏和大麻在距今 4000 多年前已经到达印度和巴基斯坦的西北部地区，因而该地区存在一个"中国现象"（China Horizon）[3]。中亚遗址——哈萨克斯坦的 Begash 提供了这些旧大陆作物传播的关键证据：在该遗址发现了最早的小麦和黍共存的证据，可以追溯到公元前 2450 ~ 前 2150 年。[4]

在中国，早期小麦年代大多在公元前 2000 年以降，虽然更早的小麦证据也有发现。来自山东省赵家庄遗址的小麦放射性碳年代数据将中国的面包小麦年代上溯到公元前 2500 ~ 前 2270 年[5]，这是迄今为止中国最早的西南亚起源农作物证据[6]。在汉代，人们把小麦用石碾磨成粉，再加工成面条和馒头等食品。

在与小麦传入中国差不多的时期，中国最早的驯化绵羊、山羊和牛也出现了，

---

[1] Nasu, H., et al. (2012). Land-use change for rice and foxtail millet cultivation in the Chengtoushan site, central China, reconstructed from weed seed assemblages. *Archaeological and Anthropological Sciences*, 4, 1 - 14.

[2] a. Boivin, N., et al. (2012). Old World globalization and the Columbian exchange: comparison and contrast. *World Archaeology*, 44, 452 - 469.
b. Jones, M.K., et al. (2011). Food globalization in prehistory. *World Archaeology*, 43, 665 - 675.

[3] Fuller, D. Q., Boivin, N. (2009). Crops, cattle and commensals across the Indian Ocean: current and potential archaeobiological evidence. *Etudes Océan Indien*, 42 - 43, 13 - 46.

[4] Frachetti, M.D., et al. (2010). Earliest direct evidence for broomcorn millet and wheat in the Central Eurasia steppe region. *Antiquity*, 84, 993 - 1010.

[5] 靳桂云等：《山东胶州赵家庄遗址发现龙山文化小麦遗存》，《中国文物报》2008 年 2 月 22 日第 7 版。

[6] Zhao, Z. (2009). Eastward spread of wheat into China: new data and new issues. *Chinese Archaeology*, 9, 1 - 9.

考古资料显示这些驯化动物可能在距今 4500 年前后从西方引入。[1]与西亚和中亚（包括新疆）及印度不同，中国腹地没有依赖这些动物的民族志或历史传统。[2]公元前二千纪，包括青铜冶炼技术（公元前 2000 年），车轮与马车（公元前 1200 年）在内的多种西方技术通过中亚地区向东传播。[3]

公元前二千纪，起源于亚洲西南地区的农作物在中国和中亚地区的考古证据中增加。[4]小麦和大麦在中国西部地区常见，包括甘肃和青海，以及新疆和西藏。[5]云南西部的海门口和西藏南部的昌果沟（雅鲁藏布江）的出土资料表明小麦和 / 或大麦可能早在公元前 1400 年，至少在公元前 1000 年已经在这些地区存在了。[6]早期食物的全球化是通过作物的交换将东西方联系起来。在南方，水稻和粟、黍向南扩散，将长江流域、岭南和东南亚地区联系起来了。

6　结论："五谷"及其来源

农业在现代中国发挥着至关重要的作用，数以百万计的人从事农业，养活了世界 20％的人口。"饭"在汉语中泛指"食物"或"餐"，其本意表示谷物食品，如米饭或小米粥。对于惯以中式饮食的人来说，饭至关重要，只有饭才能消除饥饿感。[7]东方强调植物作物与西方强调牲畜的传统形成鲜明对比。在欧洲，粮食生产

［1］Fuller, D.Q., et al. (2011). Across the Indian Ocean: the prehistoric movement of plants and animals. *Antiquity*, 85, 544‒558.

［2］a. Simoons, F. J. (1970). The traditional limits of milking and milk use in Southern Asia. *Anthropos*, 65, 547‒593.

b. 严文明：《中国史前稻作农业》，《江汉考古》1990 年第 3 期，第 27～32 页。

［3］Linduff, K.M., Mei, J. (2009). Metallurgy in ancient Eastern Asia: retrospect and prospects. *Journal of World Prehistory*, 22, 265‒281.

［4］a. Betts, A., et al. (2013). The origins of wheat in China and potential pathways for its introduction: A review. *Quaternary International*, 30, 1‒11.

b. Flad, R., et al. (2010). Early wheat in China: results from new studies at Donhuishan in the Hexi Corridor. *The Holocene*, 17, 555‒560.

c. Miller, N. F. (1999). Agricultural development in western Central Asia in the Chalcolithic and Bronze Age. *Vegetation History and Archaeobotany*, 8, 13‒19.

d. Zhao, Z. (2009). Eastward spread of wheat into China: new data and new issues. *Chinese Archaeology*, 9, 1‒9.

［5］a. Betts, A., et al. (2013). The origins of wheat in China and potential pathways for its introduction: A review. *Quaternary International*, 30, 1‒11.

b. Zhao, Z. (2009). Eastward spread of wheat into China: new data and new issues. *Chinese Archaeology*, 9, 1‒9.

［6］Jade D'Alpoim Guedes, et al. (2014). Moving agriculture onto the Tibetan plateau: the archaeobotanical evidence. *Archaeological and Anthropological Sciences*, 6, 255‒269.

［7］Bray and Needham, *Science and Civilisation in China*, 3‒8.

一再与畜牧业结合起来，形成混合农业系统。而在中国，农业集中在粮食生产上，在史前时期可能也是如此。直到相对晚近的时代，中国人的饮食仍基本上是素食，但近年来这种模式正在发生变化。

中国的谷物产量排名世界第一，主要包括水稻、黍、粟、小麦、大麦、玉米、马铃薯和花生。这些作物的种植是由旧大陆内部以及旧大陆和新大陆之间的农业大交换引发的。在欧洲人发现美洲之后的 16 世纪和 17 世纪，来自新大陆的玉米、马铃薯和花生被引入中国。西南亚作物，特别是小麦和大麦作为跨欧亚交换的关键部分，在公元前三千纪和二千纪被纳入中国的农业体系。近来东亚、东南亚、南亚和北非之间的史前交流被研究所证实，诸如此类交流也将中国所驯化的产物带到了世界其他地区。

多种作物种植的最早文献证据来自安阳出土的商代甲骨，卜辞中有秋播小麦或大麦和春播小米轮作的记载。这与包括公元前三千纪和二千纪的美索不达米亚和印度河流域在内的欧亚大陆各地反复出现的农业强化的景观主题有一致性。例如美索不达米亚楔形泥板上描绘了基于庄园农业的农业系统，结合了早收的秋播大麦和晚收的春播小米以及油籽。

传说神农首先栽培了五谷农粮，并教人们如何播种。在《礼记》中，"五谷"包括黍、粟、大豆、小麦或大麦，以及大麻。而另一版本的"五谷"中大麻被替换成了水稻。神农"五谷"的故事虽然带有神话色彩，但有时作物本身就被认为是神圣的，它们的种植被视为农业社会和文明的来源。

植物考古学的发展和浮选法的广泛应用，丰富了我们对史前粮食生产的认识。公元前 2000 年，所有传说中的"五谷"都在中国腹地的河南和陕西出现了。二里头遗址发掘出土了炭化黍、粟、水稻、大豆、小麦和大麻遗存，这与上文所述两个"五谷"的版本都可以对应。

附记：本文原以英文载于 *The Cambridge World History, Volume II: A world with agriculture, 12, 000 BCE - 500 CE* (pp. 310 - 334, 2015, Cambridge University Press)，原文名 "Early agriculture in China"。

兴隆沟：早期旱地农业的生产与消费

刘歆益[1]　赵志军[2]　刘国祥[3]
（孙宇峰[1]、田小冬[3]译　刘歆益[1]校）
1. 圣路易斯华盛顿大学
2. 中国社会科学院考古研究所
3. 中国人民大学

在中国北方地区，有至少几百处已知的介于公元前 7000～前5000 年的考古遗址。[1]考古学家将这些丰富的遗存与全新世中期的气候适宜期联系起来，认为当时温暖和湿润的季风气候使聚落得以繁荣。[2]大多数遗址位于山间盆地，或在近山和山前地带。[3]这些遗址的结构特征可以归结为由住所、储藏坑、墓葬组成（部分还有环壕）。陶器和磨制石器在这一时期很流行。随着时间的推移，磨光石器的比例有所增加，但是打制石器和细石器仍有发现。这些聚落和器物组合所呈现出来的中国史前定居生活初步发展情况已被学术界普遍认可。由北向南从大兴安岭到太行山、伏牛山，由东向西从泰沂山脉到秦岭山脉，在这片广袤的土地上所分散的聚落构成了中国北方的"早期新石器时代"。

除了对多种动植物资源的利用，很多早期新石器时代的遗址被认为和两种谷子的种植有关，即糜子和小米，也就是在传世文献中的"黍"和"粟"。采集小粒禾本科种子的行为，包括谷子，可以追溯到更新世的末期（距今 15000～11500 年），有可能在旧石器时代晚期（可追溯到 4 万年前）已经成为广谱经济的一部分。[4]从更新世到全新世早期，根据植硅石和淀粉粒提供的证据，中国北方地区的先民早在

[1] Liu, L., Chen, X. (2012). *The Archaeology of China: From the Late Paleolithic to the Early Bronze Age*. Cambridge: Cambridge University Press.

[2] An, Z.S., et al. (2000). A synchronous Holocene optimum of the East Asian monsoon. *Quaternary Science Reviews*, 19, 743‒762.

[3] Liu, X., et al. (2009). River valleys and foothills: changing archaeological perceptions of North China's earliest farms. *Antiquity*, 83, 82‒95.

[4] Liu, L., et al. (2011). Plant exploitation of the last foragers at Shizitan in middle Yellow River valley China: evidence from grinding stones. *Journal of Archaeological Science*, 38, 3524‒3532.

公元前 7000 年就已经开始利用黍和粟了。[1]但黍和粟的大量炭化种子遗存则是在
公元前 7000 年以后的新石器时代早期遗址中被发现的。

　　考古学家利用陶器的类型学谱系将新石器时代早期的遗址划分为若干种考古学
文化和类型，[2]分别是西辽河地区的兴隆洼—新乐文化、河北的磁山—北福地文化、
山东的后李文化，河南的裴李岗文化以及陕西西部、陇东的白家—大地湾文化。近
年来，系统浮选法广泛普及，已经在这五个文化区范围内的数十处遗址中发现了粟
或黍的遗存。[3]

　　兴隆洼文化遗址主要分布于大兴安岭的东南部，这片丘陵地带在文献中常被
称为"辽西地区"，主体在今内蒙古自治区赤峰市境内。兴隆洼文化遗址在辽宁
西部和河北北部也有所分布。考古学文化构成了赤峰地区史前文化序列的早期阶
段，按照年代顺序至少可以列出六种本地考古学文化，分别是小河西文化（公元前
7000~前 6200 年）、兴隆洼文化（公元前 6200~前 5400 年）、赵宝沟文化（公元
前 5400~前 4500 年）、红山文化（公元前 4500~前 3000 年）、小河沿文化（公元
前 3000~前 2400 年）和夏家店下层文化（公元前 2200~前 1600 年）。[4]目前发现
了近百处兴隆洼文化遗址，其中数十处已经被发掘，著名的有敖汉旗的兴隆洼遗址
和兴隆沟遗址、林西县的白音长汗遗址、克什克腾旗的南台子遗址和阜新的查海遗
址。[5]兴隆沟遗址因为丰富的考古材料、结构化的居住模式以及珍贵的早期炭化粟
黍遗存而最为人所熟知。

　　兴隆沟遗址发现于 1982 年。在 1998 年的调查中，中国社会科学院考古研究所
和敖汉旗博物馆联合考古队确认了三个地点，分别属于新石器时代早期的兴隆洼文
化，新石器时代中晚期的红山文化，以及青铜时代下的夏家店下层文化。[6]发掘前，
在地表就可以看到一排排的房屋布局，在犁耕之后特别明显。2001~2003 年，考
古工作者对该遗址进行了有针对性的发掘工作，揭露面积 5600 平方米，总共确定

[1] a. Lu, H., et al. (2009). Earliest domestication of common millet (*Panicum miliaceum*) in East Asia extended to
　　10,000 years ago. *Proceedings of the National Academy of Sciences,* 106, 7367－7372.
　　b. Yang, X., et al. (2012). Early millet use in northern China. *Proceedings of the National Academy of Sciences,*
　　109, 3726－3730.
[2] Liu, L., Chen, X. (2012). *The Archaeology of China: From the Late Paleolithic to the Early Bronze Age.*
　　Cambridge: Cambridge University Press.
[3] Liu, X., et al. (2009). River valleys and foothills: changing archaeological perceptions of North China's
　　earliest farms. *Antiquity*, 83, 82－95.
[4] Guo, D. (1995). Hongshan and related cultures. In S.M. Nelson, *The Archaeology of Northeast China*,
　　147－181. London: Routledge.
[5] Li, X. (2008). *Development of Social Complexity in the Liaoxi Area, Northeast China.* Oxford:
　　Archaeopress.
[6] 杨虎、刘国祥、邵国田：《内蒙古敖汉旗兴隆沟新石器时代遗址调查》，《考古》2000 年第 9 期，
　　第 30~48 页。

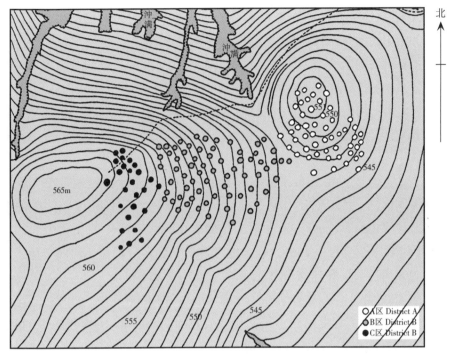

图 1　兴隆沟第一地点发掘平面图（每个圆点代表一个房址灰圈）

了 145 间房屋，所有房屋都呈东北—西南方向排列。（图 1）。[1]

　　发掘工作揭示了不同时期的居住布局，分为三个阶段和三个地点（兴隆沟第一地点、第二地点和第三地点），其中兴隆沟第一地点的出土材料是最丰富的。在活动面上发现了丰富的遗物，包括工具、装饰品、陶制品、动物骨头和零星的人骨。许多遗物可能涉及农业活动和食品加工。例如有磨制痕迹的石板、磨盘和磨棒，是生产活动的重要工具。还有大量的细石器，可用作锯齿刀或鱼矛的刀片。

　　兴隆沟第一地点共浮选出 1500 多粒炭化黍以及 20 余粒炭化粟。[2]对炭化黍粒的直接碳十四测年表明，年代可以追溯到距今 7700 年前。[3]这是迄今为止最古老的有直接测定年代的炭化黍证据。稳定同位素分析表明，生活在兴隆沟第一地点的早期新石器时代先民是以 C_4 类的粟、黍为主食的。[4]下文从几个不同的角度探讨兴隆沟的新石器早期旱地农业：景观、物质文化、聚落、生产和消费。

---

[1] 刘国祥等：《内蒙古赤峰市兴隆沟聚落遗址 2002～2003 年的发掘》，《考古》2004 年第 7 期，第 3～8 页。

[2] 赵志军：《植物考古学及其新进展》，《考古》2005 年第 7 期，第 42～49 页。

[3] Zhao, Z. (2011). New archaeobotanic data for the study of the origins of agriculture in China. *Current Anthropology*, 52, Supplement 4, S295 - S304.

[4] Liu, X., et al. (2012). The earliest evidence of millet as a staple crop: new light on Neolithic foodways in North China. *American Journal of Physical Anthropology,* 149, 238 - 290.

景观

　　兴隆沟遗址的三个地点都位于七老图山以北的牤牛河左岸，其中属于新石器时代早期聚落的兴隆沟第一地点位于河谷二级台地的黄土斜坡堆积上（图2）。这样的地理位置对早期农业有利，其空间狭窄但高产的土壤都积聚在泉水和季节性溪流的集水区，如今在具备如上条件的区域仍存在被称为"集水农业"的小规模园艺样式。随着东亚季风达到全新世最大值，水流量也变得更加重要。受季节性泉水和溪流限制的区域适宜一年生草本植物的生长。故而可以通过选择性清除来改良草地，在北部山坡上尤其如此。而在南部山麓地区，河流的水流动力更高，有利于多年生植物的生长。如今仍然可以看到这样的情形，如图3所示，赤峰北部山麓两种小米的野生祖本——狗尾草（*Setaria viridis*）和野黍（*Panicum miliaceum var. Ruderale*），紧临粟黍和玉米的耕地，在未开垦的地区繁茂生长。

　　兴隆沟第一地点是该地区的新石器时代早期遗址之一，它和兴隆洼遗址、白音长汗遗址、查海遗址和南台子遗址一样，都位于朝北山麓的斜坡上。这与新石器时代晚期的红山文化和青铜时代夏家店下层文化遗址所处地点形成鲜明对比，后两者通常更靠近河流的河道。目前在平坦的河谷谷底没有发现早期新石器时代遗址，在远离主要河流的高山上也很少发现。有12处兴隆洼文化时期遗址位于高地斜坡上，

图2　兴隆沟第一地点（远处为西北方向）

图 3　兴隆沟遗址附近的玉米地和杂草丛生的谷子地

通常在河道上方 40～50 米。[1]

　　赤峰全新世水文系统与第四纪黄土堆积之间的动态关系是了解史前不同时段先民居住体系的关键。曾有一项地质考古学研究表明赤峰河流系统发展的三个阶段与新石器时代和青铜时代的位置有关。[2]赤峰南部河流系统的最初发展可追溯到公元前 6000～前 4500 年，景观主要是黄土坡地和丘陵与地质年龄较年轻的河流之间的黄土平原。兴隆洼文化的早期新石器时代人为堆积层通常位于第四纪黄土堆积的顶部。随着河流系统的发展，在公元前 4500 年～前 2000 年间发生了显著的下切侵蚀，形成河流的二级台地。红山文化时期许多新石器时代晚期的人类活动是在这一台地的冲积沉积物中发现的，表明它们比台地的形成更晚。随后在公元前 2000 年前后继续下切侵蚀形成河流的一级台地。夏家店下层文化等青铜器时代文化层经常出现在一级台地或二级台地全新世黄土沉积物的顶部。虽然该模型是基于更广泛的地理调查的整合，但兴隆沟遗址三处地点的地形关系与此大致相符。在中国北方地区

[1] 赤峰中美联合考古研究项目：《内蒙古东部（赤峰）区域考古调查阶段性报告》，科学出版社，2003 年。
[2] 夏正楷等：《内蒙西拉木伦河流域考古文化的地貌背景分析》，《地理学报》2000 年第 3 期，第 329～336 页。

其他新石器时代的早期遗址中发现有相同的地形偏好，亚洲西南地区早期农业遗址在选址和地貌背景上有相似之处。[1]，例如在约旦河谷，Claudio Vita-Finzi 观察到类似的三个阶段遗址位置的发展，并注意到那里最早农人的"地理机会主义"[2]。

器 物 组 合

在某些方面，占据相似地理位置的中国新石器时代早期群落形成了一个网络，它们之间的联系可以通过罕见但具有特征性的物质显示，如玉石的传递，陶器和石器等器物的共同类型。正如共同的考古学文化命名——兴隆洼文化所表明的那样，其陶制容器形状简单，占主导地位的是筒形罐。[3]陶器为夹砂，呈褐色，用盘筑的方法制成。罐上的典型纹饰包括网状图案、之字形图案，垫痕、V 形纹以及从上到下的戳点。工具由工艺精良的骨刀和石制工具组成。[4]前者包括骨锥，骨针，骨勺，锯齿刀和嵌有细石器的鱼矛。石制工具包括碎石锄头，石铲和石刀。此外还有大量的细石器，可作为骨柄石刃刀和钓鱼矛的刀片。磨制石器，如磨盘、手石、石臼和磨棒，是重要的工具组合。

学者们对遗址出土的研磨工具和研磨活动进行了多种研究。如体质人类学研究表明，来自兴隆洼文化遗址的年轻女性的膝盖骨变形，可能是因为长时间跪坐使用磨制石器造成的。[5]白音长汗遗址和兴隆沟遗址出土的磨石残留物分析显示，这些工具用于加工植物，包括山药、橡子和多种类型的草籽。[6]

兴隆沟遗址还出土了中国最古老的玉器包括玦（类型最丰富）、匕形器、弧形器、管、轴、锛和凿。许多学者已经讨论了兴隆沟出土玉器的材料、颜色和社会意义。[7]所有兴隆沟出土的玉器都是由软玉、玉髓和其他软岩材料制成的[8]，制作这

［1］ Liu, X., et al. (2009). River valleys and foothills: changing archaeological perceptions of North China's earliest farms. *Antiquity*, 83, 82－95.

［2］ Vita-Finzi,C. (1969). Geological opportunism. In P. J. Ucko and G. Dimbleby, *The Domestication and Exploitation of Plants and Animals*, 31－34. London: Duckworth.

［3］ Li, X. (2008). *Development of Social Complexity in the Liaoxi Area, Northeast China*.Oxford: Archaeopress.

［4］ Li, X. (2008). *Development of Social Complexity in the Liaoxi Area, Northeast China*.Oxford: Archaeopress.

［5］ Smith, B. D. (2005). *Diet, health, and lifestyle in Neolithic North China*. PhD thesis. Cambridge, MA: Harvard University.

［6］ Liu, L., Chen, X. (2012). *The Archaeology of China: From the Late Paleolithic to the Early Bronze Age*, 130. Cambridge: Cambridge University Press.

［7］ 杨虎、刘国祥、邓聪:《玉器起源探索》，香港中文大学，2006 年。

［8］ 杨虎、刘国祥、邓聪:《玉器起源探索》，香港中文大学，2006 年。

样的玉器需要各种加工流程的配合，包括打击、琢、磨、锯、钻、刮和抛光等。不同类型玉石上的加工痕迹表明物体的形状和大小影响了技术的选择。有时在玉器的同一部分采用不止一种技术，例如玦的狭缝表现出切割过程中同时使用了线切割和片切割。[1]

在制作饰品的玉矿选择方面，似乎一直偏好黄绿色软玉。兴隆洼文化遗址中发现的 50 多件软玉玉器，包括许多来自兴隆沟遗址的玉器，都是黄绿色的。这种颜色的选择可能是为区别当地矿物的颜色，后者包括玉髓、大理石、叶蜡石、滑石和碧玉等，主要是红色、黑色或白色。目前辽西地区没有发现软玉，与其最近的软玉矿位于辽宁省岫岩，距离兴隆沟遗址数百里，玉料是黄绿色。因此，有学者认为兴隆洼文化的玉器是远距离交换的结果。[2] 岫岩软玉玉料的原始颜色很难识别，其皮质被覆盖以各种干扰的颜色，原始颜色只会在岩石皮质被打破时才暴露出来。

虽然对黄绿色石头的偏爱可以追溯到东亚的旧石器时代，但学者们认为，在兴隆沟和其他兴隆洼文化遗址中这种颜色的玉石可能具有很高的价值。也有学者认为兴隆洼文化时期价值的等级并不明显，并且有证据表明玉器本身的价值分级不大，而之后兴隆洼文化中的一些器物类型则逐渐发展出象征意义。[3]

房屋、墓葬和聚落

兴隆沟第一地点是中国境内为数不多的完全揭露并且保存完好的新石器时代早期聚落。与中国东北地区的许多遗址一样，兴隆沟第一地点也有灰土圈。在早期阶段聚落分为三个不同的扇区，每个扇区有大约 50 个或稍少的坑状结构，全部成行排列。大多数兴隆洼文化遗址周围都有环壕，但兴隆沟遗址没有这样的结构。2001～2003 年的发掘工作揭露了 145 个灰土圈，总面积为 5600 平方米，呈东北—西南方向紧密排列（图 4）。

---

[1] 杨虎、刘国祥、邓聪：《玉器起源探索》，香港中文大学，2006 年。
[2] 杨虎、刘国祥、邓聪：《玉器起源探索》，香港中文大学，2006 年。
[3] 傅罗文：《兴隆洼玉器与价值起源》，见杨虎、刘国祥、邓聪著《玉器起源探索》，香港中文大学，2006 年，第 224～234 页。

图 4　兴隆沟第一地点新石器时代早期的灰土圈排列

　　这些灰土圈的面积在 30～80 平方米。有学者认为它们是住宅。[1]也有学者认为应谨慎对待类似房屋结构的直观假设，推测这种结构可能用于非家庭用途，如准备食物、储存或公众聚会。[2]每个房址灰圈包含有序排列的 4～6 个柱洞，通常在中心灶的东北和西南两侧对称布置。在一些灰土圈中发现了鹿和猪的头骨，部分是穿孔的，成簇排列，并放置在"活动面"上（图 5）。[3]此外还发掘出陶器、石器、玉器、骨器、牙齿和贝壳等带有加工痕迹的遗物，以及由人头骨制成的牌饰，大多数遗物也放在活动面上。许多灰土圈都包含墓葬，这在其他兴隆洼文化遗址中也有相同发现，如兴隆洼遗址、白音长汗遗址和查海遗址。[4]其中兴隆沟第一地点的 H28 发现了遗物。

［1］　刘国祥：《兴隆沟遗址第一地点发掘回顾与思考》，《内蒙古文物考古》2006 年第 2 期，第 8～30 页。
［2］　Shelach, G. (2006). Economic adaptation, community structure, and sharing strategies of households at early sedentary communities in northeast China. *Journal of Anthropological Archaeology*, 25, 318 - 345.
［3］　刘国祥：《兴隆沟遗址第一地点发掘回顾与思考》，《内蒙古文物考古》2006 年第 2 期，第 8～30 页。
［4］　刘国祥：《兴隆洼文化居室葬》，《华夏考古》2003 年第 1 期，第 43～51 页。

图 5   兴隆沟第一地点 F5 西北部出土的动物头骨

　　虽然 2001～2003 年的发掘重点是兴隆沟区域的早期阶段（兴隆沟第一地点），但 2003 年也在兴隆沟第二地点和第三地点进行了发掘。[1] 其中兴隆沟第二地点是新石器时代晚期红山文化聚落，而兴隆沟第三地点是青铜时代夏家店下层文化聚落。考古调查主要集中在这两个时期的纪念碑性建筑和大型墓地，对普通村落的定居模式等研究仅有少量涉及。

　　在兴隆沟第二地点 1500 平方米的发掘区域内共揭露出 4 个圆角方形坑和 31 个储藏坑。该聚落有环壕。虽然储藏坑位于房址灰圈外部，但可以假设储藏坑是"房屋"的储存设施，如 F7 周围发现了 9 个储藏坑，F8 周围发现了 7 个储藏坑。此外，每个"房屋"在中心都有一个灶。发掘出土的陶器、石器和蚌器则主要来自灰坑。在 2012 年的后续发掘中还发现了一尊陶人塑像（图 6）。

　　兴隆沟第三地点的发掘面积比其他两处地点要小，仅 250 平方米，发现了三处房址。该聚落也有环壕，发掘者认为是一种真正的防御结构。三处房址中只有 F1 保存完好。在"房屋"的东北侧还发现了一个"烟道"，发掘者认为是供暖系统。

　　兴隆沟三个地点聚落格局的一个主要差异在于房屋与储藏坑的关系。如 Flannery 和 Plog 所证明的那样，存储设施在遗址以及在家庭结构中的分布方式

---

[1]　刘国祥等:《内蒙古赤峰市兴隆沟遗址 2002～2003 年的发掘》,《考古》2004 年第 7 期，第 3～8 页。

图 6　兴隆沟第二地点出土的陶人塑像（修复后）

表明了经济策略和人们获得经济资源的途径。[1]在兴隆沟第一地点，储藏坑通常位于房址外，并在每个区域内均匀分布，因此所存储的物资很可能由聚落成员共享。但是没有证据表明各区域之间存在物品交换。也有学者认为，兴隆洼文化所体现的聚落特征是土地所有权、经济生产、再分配以及仪式活动等。[2]与兴隆沟第一地点相比，兴隆沟第二地点的情况可能是家庭拥有自己的储存设施，与 Plog 所谓的"限制性共享"类似，资源由家庭成员共享，不同家庭之间共享很少。[3]如果是这样，"限制性共享"在青铜时代似乎愈演愈烈。虽然兴隆沟第三地点的发掘规模相对较小，但从其他夏家店下层聚落遗址的发掘中可以

[1]　a. Flannery, K. V. (1972). The origins of the village as a settlement type in Mesoamerica and the Near East: a comparative study. In P. J. Ucko, et al., *Man, Settlement and Urbanism*, 23–53. London: Duckworth.

　　　b. Flannery, K. V. (2002). The origins of the village revisited: from nuclear to extended households. *American Antiquity*, 67, 417–433.

　　　c. Plog, S. (1990). Agriculture, sedentism and environment in the evolution of political systems. In S. Upham, *The Evolution of Political Systems: Sociopolitics in Small-Scale Sedentary Societies*, 177–199. Cambridge: Cambridge University Press.

[2]　a. Yan, W. M. (1999). Neolithic settlements in China: latest finds and research. *Journal of East Asian Archaeology*, 1, 131–147;

　　　b.Liu, L. (2004). *The Chinese Neolithic: Trajectories to Early States*. Cambridge: Cambridge University Press .

[3]　Plog, S. (1990). Agriculture, sedentism and environment in the evolution of political systems. In S. Upham, *The Evolution of Political Systems: Sociopolitics in Small-Scale Sedentary Societies*, 177–199. Cambridge: Cambridge University Press.

看出，每个夏家店下层聚落都可能是总体政治结构中的一个社会政治单位。[1]
每个聚落可能都拥有生业策略来维持自己的生存，而遗址内的每个围圈代表一
个家庭。大多数的围圈有一个或两个由石头建造的小型圆形设备，发掘者认为
是"粮仓"。[2]

　　兴隆沟遗址三个阶段的聚落格局与中国北方其他地区的一些遗址有相似之处。
从新石器时代早期到晚期，中国北方的村落经历了从共享存储设施和相对统一的住
宅规模到大型多户住户的变化。正如 Peterson 和 Shelach 所说，从新石器时代早期
开始，关于经济活动的决定权不再由整个聚落社区做出，而是由家庭做出。[3]这种
安排是典型的社会，其中把风险假定在家庭层面。到青铜时代，聚落更加紧凑，其
内部组织表明家庭间的互动程度也有所增强。

　　总而言之，在新石器时代早期和晚期之间，赤峰地区的村落似乎是按照 Plog
所定义的"限制共享"进行组织的，其特点是限制土地使用权和储藏私有化。按照
Flannery 的说法，从兴隆沟第一地点到第二地点，再到第三地点，村落整体以及单
个核心家庭的风险都发生了变化。在这种情况下，兴隆沟第一地点的先民存储和共
享大量食物，植物食物储存和家畜饲养同时存在，整个聚落共同承担风险和享受回
报。而兴隆沟第二地点和第三地点的聚落则呈现出更"封闭"的居住规划，有彼此
隔开的房屋以及封闭的进食区和储存区域。[4]

聚落内外的粟黍农作物

　　先民如何管理他们可利用的资源是研究早期定居群体关注的基本问题之一。接
下来我们将讨论兴隆沟三处地点不同社会空间背景下的食物生产和消费方式。

　　赵志军在兴隆沟遗址所做的浮选工作主要是针对新石器时代早期阶段的样品，
但也有部分来自兴隆沟第二地点和第三地点的样品，该浮选工作是中国第一个系统
性浮选项目。在兴隆沟第一地点共浮选出 1500 多粒炭化黍和 20 余粒炭化粟，其中

[1] a. Shelach, G. (1999). *Leadership Strategies, Economic Activity, and Interregional Interaction: Social Complexity in Northeast China*. New York: Kluwer Academic/Plenum.
b. Shelach, G. (2009). Violence on the frontiers? Sources of power and socio-political change at the easternmost parts of the Eurasian steppes during the early first millennium BCE. In B. K. Hanks and K. Linduff, *Social Complexity in Prehistoric Eurasia*, 241 - 271. Cambridge: Cambridge University Press.
[2] 郭治中、胡春柏：《内蒙古赤峰市三座店夏家店下层文化遗址》，《考古》2007 年第 7 期，第 17 ~ 27 页。
[3] Peterson, C. E., Shelach, G. (2012). Jiangzhai: social and economic organization of a middle Neolithic Chinese village. *Journal of Anthropological Archaeology*, 31, 265 - 301.
[4] Liu, X. (2010). *Food webs, subsistence and changing culture: the development of early farming communities in the Chifeng region, North China*. PhD thesis. University of Cambridge.

炭化黍的直接放射性碳测年数据为公元前 7700 年。炭化粟黍在兴隆沟第二地点和第三地点均有发现。

由于黍（*Panicum miliaceum*）的野生祖本未知，所以我们对如何将其从野生祖本中选择驯化的认识也相对有限。学者注意到，兴隆沟三个地点的粟黍谷粒随着时间的推移逐渐增大，形状也发生了变化。赵志军观察到兴隆沟第一地点炭化黍的大小和形态介于野生黍和现代黍之间，代表驯化的早期阶段。[1]在更广泛的地理范围内，中国北方各遗址出土的黍谷粒尺寸也随着时间的推移逐渐增大。[2]这种形态变化过程与粟黍组合中粟量的相对增加和黍量的相对减少有关。

从作物炭化遗存转向其随附的植物分类群，兴隆沟第一地点的粟黍仅占浮选出土炭化种子遗存总量的 15%，此外还浮选出土了大量的石竹科卷耳和豆科黄芪属种子，占到总量的 50% 以上。卷耳是在中国广泛分布的一年生草本植物，经常出现在北方的山麓地区。苋科苋菜属和藜科藜属也是在兴隆沟第一地点常见的植物种子组合。这四个属的植物常见于当今作物的丛生杂草中。[3]据文献记录，大约有 9 种苋属和 8 种藜属是常见的杂草。在中国北方地区，藜是侵袭田间作物的主要杂草之一。[4]以上所述物种都与粟黍大致同时成熟可食用的谷物，表明兴隆沟第一地点的田间系统可能与今天的农业或园艺领域的概念截然不同。在兴隆沟第二地点，粟黍占所有可鉴定炭化植物种子的比例更低，但发现了大量水果和坚果遗骸，包括杜梨、山杏、栎属、榛子和胡桃楸。与兴隆沟第一地点和第二地点相比，兴隆沟第三地点的农作物在浮选样品中占主导地位，除了粟黍之外，还有炭化的大豆。

兴隆沟第一地点的炭遗骸大部分来自房址。这些种子组合有一个特征，即浮选出的无论是无谷壳植物还是带谷壳植物，其炭化种子大都没有谷壳，只有去壳后的籽仁。在谷物加工方面，赤峰地区青铜时代的植物考古证据则与此不同。如三座店遗址，一处与兴隆沟第三地点同期的规模较大的夏家店下层文化遗址，从 102 个浮选样本中发现了 5500 余粒炭化黍和 5000 余粒炭化粟。[5]几乎每处房址的活动面和两墙之间的堆积中都发现了炭化粟黍。此外还有大量的粟黍谷壳，发现粟黍谷粒与黍的外稃碎片以及粟黍胚胎碎片混在一起。这是先民对粟黍进行脱壳加工的证据。

以上差异可能反映了作物加工中社会组织的变化。在青铜时代的夏家店下层文

［1］ 赵志军：《从兴隆沟遗址浮选结果谈中国北方旱作农业起源问题》，见南京师范大学文博系编《东亚古物（A 卷）》，文物出版社，2004 年，188～199 页。
［2］ Liu, L., Chen, X. (2012). *The Archaeology of China: From the Late Paleolithic to the Early Bronze Age*, 85. Cambridge: Cambridge University Press.
［3］ 强胜：《杂草学》，中国农业出版社，2003 年。
［4］ 强胜：《杂草学》，中国农业出版社，2003 年。
［5］ Liu, X. (2010). *Food webs, subsistence and changing culture: the development of early farming communities in the Chifeng region, North China*. PhD thesis. University of Cambridge.

化时期，日常加工活动发生在"家庭"内部，脱壳可能是零散地进行。如人类学材料所表明的那样，在这种情况下加工获取的产品和副产品更有可能引发家庭火灾，从而为炭化植物遗存提供了考古学原境。这一时期的房屋由狭窄的石墙围成的"住所"和"粮仓"组成，食物由家庭成员共享，大量的石头边界形成一道围墙，将食物与其他"家庭"分开。简而言之，家庭层面的生产和消费都是有限的。相比之下，来自兴隆沟第一地点的作物证据暗示了一个不同的定居生活组织，涉及一个更大社区的参与和合作：谷物加工不在核心区域，而在聚落核心以外的其他区域。

粟黍消费

所有品种的粟黍都通过 Hatch-Slack 或 C_4 途径进行光合作用。在光合作用过程中，C_4 植物区分大气中 $^{13}CO_2$ 的能力弱于 C_3 植物，产生的 $\delta^{13}C$ 值高于 C_3 植物（近似平均值分别为 –12.5‰和 –26.5‰）。在欧亚大陆的北纬地区，本土驯化的 C_4 作物只有黍和粟。对粟和黍的消费导致人和动物的骨胶原中会出现 C_4 特征，因此人和动物骨骼样品的稳定碳同位素测量可用于推断跨时空的粟黍消费水平。

在赤峰地区开展系统化同位素研究，选择兴隆沟三处地点的人和动物骨骼标本进行同位素分析。[1]结果表明，赤峰地区先民大量消费粟黍开始于兴隆沟第一地点的时期。虽然同位素值并不能直接告诉我们驯化的过程，但兴隆沟第一地点粟黍的重要饮食投入表明其被用作主食。在整个赤峰地区的新石器时代和青铜时代，饮食中 C_4 食物的比例在增加。新石器时代早期没有强 C_4 同位素标记的动物，表明那个时期先民的 C_4 特征不是来自以粟黍为食的动物，而是来自直接食用的粟黍。在青铜时代，先民的 C_4 特征可能源自粟黍或以粟黍为食的动物，因为同期的动物也具有 C_4 特征。

附记： 本文原以英文载于 *The Cambridge World History, Volume II: A world with agriculture, 12, 000 BCE – 500 CE* (pp. 335 – 352, 2015, Cambridge University Press)，原文名 "Xinglonggou, China"。

---

[1]　Liu, X., et al. (2012). The earliest evidence of millet as a staple crop: new light on Neolithic foodways in North China. *American Journal of Physical Anthropology*, 149, 238 – 290.

赤峰市二道井子遗址木炭遗存
指示的木材利用和生态环境

——兼论夏家店下层文化时期的生业模式

王树芝[1] 孙永刚[2] 李宜垠[3] 贾　鑫[4] 焦研静[1] 赵志军[1]

1. 中国社会科学院考古研究所
2. 内蒙古赤峰学院历史文化学院
3. 北京大学城市管理学院
4. 南京师范大学地理科学学院

赤峰是中国北方文化的重要发源地，是一个重要的史前文化区，在中国文明起源进程和东北亚地区史前文化交流中占据十分显著的位置。根据内蒙古自治区 20 世纪 80 年代文物普查成果，夏家店下层文化时期遗址有 3014 处[1]，这一时期出现了统一的地域性国家[2]。可以说夏家店下层文化是辽西地区距今 4000 ~ 3500 年间一支强势的青铜时代文化。那么，什么原因促使了夏家店下层文化时期遗址数量的剧增？其局域环境如何？人们是怎样利用周围的植被资源的？当时的生业模式是怎样的？这些问题是考古学家非常感兴趣的。

木炭分析不仅可以提供古代人类利用木材的信息，探索古代人类与自然界植物的相互关系，而且能认识地域性木本植物种类，重建古环境和古气候[3]。尤其是灰坑和地层里的木炭能代表较小范围的地方性植被、气候特征，特别是一些当地植被的优势种或建群种，具有较强的气候指示意义[4]。二道井子遗址

[1] 国家文物局：《中国文物地图集·内蒙古自治区分册（下册）》，西安地图出版社，2004 年，第 78 ~ 464 页。
[2] 孙永刚：《辽西地区新石器时代至青铜时代考古学文化研究述论》，《赤峰学院学报（汉文哲学社会科学版）》2007 年第 4 期，第 4 ~ 15 页。
[3] 中国社会科学院考古研究所：《科技考古的方法与应用》，文物出版社，2012 年，第 108 ~ 112 页。
[4] 崔海亭、李宜垠、胡金明等：《利用炭屑显微结构复原青铜时代的植被》，《科学通报》2002 年第 19 期，第 1504 ~ 1507 页。

包括了夏家店下层文化早、中、晚期的文化层，是目前所见保存最好的夏家店下层文化遗址[1]，出土了丰富的植物遗存。本研究通过对二道井子遗址出土木炭的分析，提取居民利用木材的信息，重建周边生态环境，并结合考古发现、动植物以及环境考古研究结果，探讨夏家店下层文化时期的生业模式。

1　研究区概况

1.1　自然地理概况

赤峰地区（原昭乌达盟）位于内蒙古东南部，北方农牧交错带的东部，自然区划上属温带半湿润、半干旱大陆性季风气候。海拔 700～1100 米，大约在北纬 41°～45°、东经 116°～123° 范围内。年平均气温 5℃～8℃，1 月份平均气温 –11℃～–15℃，7 月份平均气温 20℃～23℃，≥10℃的年积温为 2700℃～3200℃，年降水量为 350～450 毫米[2]。地势从东南向西北逐渐升高，≥10℃的年积温逐渐减少，而降水量相应增加。境内主干河流有老哈河和西拉沐沦河，两条河在翁牛特旗大兴乡东侧与奈曼旗交界处交汇流入西辽河。赤峰为温带草原生态区，辽西低山丘陵森林草原生态亚区，努鲁儿虎山北坡油松蒙古栎疏林草原生态区[3]，现代植被具有森林区域向草原区域过渡的特征。

1.2　考古发现

二道井子遗址（北纬 119.08°、东经 42.17°，海拔 617 米）位于赤峰市红山区二道井子行政村打粮沟门自然村北侧的山坡上，遗址面积近 27000 平方米，发现了环壕、城墙、院落、房址、窖穴、道路等遗迹（图 1）。遗址西北距赤峰市约 15 千米[4]，年代距今 4000～3500 年[5]。植物大遗存的系统采集，为探索古人对周边植被的利用，局域环境的重建，乃至夏家店下层文化的经济形态的探讨提供了新材料。

[1] 内蒙古文物考古研究所：《内蒙古赤峰市二道井子遗址的发掘》，《考古》2010 年第 8 期，第 13～26 页。
[2] 中国科学院内蒙古宁夏综合考察队：《内蒙古植被》，科学出版社，1985 年，第 1～9 页。
[3] 徐文铎、何兴元、陈玮等：《中国东北植被生态区划》，《生态学杂志》2008 年第 11 期，第 1853～1859 页。
[4] 内蒙古文物考古研究所：《内蒙古赤峰市二道井子遗址的发掘》，《考古》2010 年第 8 期，第 13～26 页。
[5] 孙永刚、赵志军、曹建恩等：《内蒙古二道井子遗址 2009 年度浮选结果分析报告》，《农业考古》2014 年第 6 期，第 1～9 页。

图 1   二道井子遗址研究区域与遗址环境

2   研 究 方 法

2009 年 4 月，内蒙古文物考古研究所对二道井子遗址进行了考古发掘。在发掘过程中采用浮选的方法，在房址、灰坑和地层中取到 84 份植物材料，其中 73 份含有木炭。用孔径 2 毫米的筛子筛，获得 5811 块长度大于 2 毫米的木炭碎块。将大于 2 毫米孔径的木炭用双面刀做横向、径向和弦向三个面，在具有反射光源、明暗场以及物镜放大倍数为 5 倍、10 倍、20 倍、50 倍的 Nikon LV150 金相显微镜下观察，记载木材特征，根据《中国木材志》[1]和《中国主要木材构造》[2]等工具书对树种木材特征的描述和现代炭化木材的构造特征进行木炭树种的鉴定。将特征明显的木炭粘在铝质样品台上，用吸耳球将木炭上的炭屑吹掉，样品表面在离子溅射仪上进行镀金，在 Quanta 650 扫描电子显微镜下进行拍照。除了记录样品的树种外，还记录同类树种样品的块数，以统计树种的出土概率和绝对数量[3]。

［1］ 成俊卿、杨家驹、刘鹏：《中国木材志》，中国林业出版社，1992 年。
［2］ 腰希申：《中国主要木材构造》，中国林业出版社，1988 年。
［3］ 赵志军：《植物考古学：理论、方法和实践》，科学出版社，2010 年，第 50~51 页。

3 鉴定及统计结果

3.1 遗址出土的树种及其概率

通过鉴定，大于 2 毫米的 5811 块木炭分别属于 22 种木本植物种属，有松属的硬木松（subgen. *Diploxylon*）以及栎属（*Quercus*）、榆属（*Ulmus*）、杨属（*Populus*）、桃属（*Amygdalus*）、桦属（*Betula*）、枸子属（*Cotoneaster*）、椴属（*Tilia*）、柳属（*Salix*）、黄波罗（*Phellodendron amurense*）、杏属（*Armeniaca*）、槭属（*Acer*）、枣属（*Zizyphus*）、桤木属（*Alnus*）、白蜡属（*Fraxinus*）、铁木属（*Ostrya*）、栾树属（*Koelreuteria*）、鼠李属（*Rhamnus*）和 4 个未鉴定树种（表 1），另外在多个样品中发现粟的秸秆、小穗和小穗轴。

表 1 二道井子遗址不同考古单位木炭种属出现次数

树种	灰坑	房址	地层
硬木松	1300	172	6
栎属	1410	535	86
榆属	650	187	16
杨属	158	110	2
桃属	72	62	0
桦属	161	30	0
枸子属	65	55	8
椴属	190	49	32
柳属	66	19	17
黄波罗	114	45	0
杏属	35	19	2
槭属	23	0	0
枣属	12	5	2
桤木属	0	7	2
白蜡属	0	2	0
铁木属	1	0	0
栾树属	3	0	0
鼠李属	3	0	0
未鉴定 1	58	7	0
未鉴定 2	0	1	0
未鉴定 3	12	0	0
未鉴定 4	0	2	0

对出土木炭进行数量统计分析，结果显示，栎属出土概率最高，为86.3%；其次是榆属，为64.4%；第三位是杨属，为32.9%；第四位是桃属，为31.5%；第五位是桦属和枸子属，均为28.8%；第六位是松属，为27.4%；第七位是椴属，为26.0%；第八位是柳属，为24.7%；第九位是杏属，为19.2%；第十位是黄波罗，为16.4%；第十一位是枣属，为9.6%；第十二位是槭属，为8.2%；第十三位是桤木属和未知树种1，均为9%；其余是白蜡属、铁木属、栾树属、鼠李属和3个未知树种。

3.2　房址出土的树种及其概率

从34处房址采集了34份样品，经鉴定有17个树种，包括有松属的硬木松以及栎属、榆属、杨属、桃属、桦属、枸子属、椴属、柳属、黄波罗、杏属、枣属、桤木属、白蜡属和3个未知树种。另外有粟的秸秆、小穗和小穗轴。

对出土木炭进行数量统计分析，结果显示栎属出土概率最高，为85.3%；其次是榆属，为55.9%；第三位是松属和桃属，均为35.3%；第四位是杨属，为32.4%；第五位是枸子属，为29.4%；第六位是桦属，为26.5%；第七位是椴属、黄波罗和杏属，均为20.6%；第八位是柳属，为17.7%；第九位是桤木，为11.8%；第十位是枣属，为8.8%；其余是白蜡属和3个未知树种。

3.3　灰坑出土的树种及其概率

从34个灰坑采集了34份样品，经鉴定有19个树种，包括松属的硬木松以及栎属、榆属、杨属、桃属、桦属、枸子属、椴属、柳属、黄波罗、杏属、槭属、枣属、铁木属、栾树属、鼠李属和3个未鉴定树种。另外有粟的秸秆、小穗和小穗轴。

对出土木炭进行数量统计分析，结果显示栎树出土概率最高，为94.1%；其次是榆属，为73.5%；第三位是杨属和桦属，为35.3%；第四位是桃属和椴属，均为32.4%；第五位是柳属，为29.4%；第六位是枸子属，为26.5%；第七位是松属、杏属和槭属，均为17.7%；第八位是黄波罗，为14.7%；第九位是枣属和2个未知树种，均为8.8%；其余是铁木属、栾树属、鼠李属。

3.4　地层出土的树种及其概率

从地层采集了5份样品，经鉴定有10个树种，包括松属的硬木松以及栎属、榆属、杨属、枸子属、椴属、柳属、杏属、枣属、桤木属。另外有粟的秸秆和小穗轴。

对出土木炭进行数量统计分析，结果显示榆属出土概率最高，为60.0%；其次是松属、栎属、枸子属和柳属，均为 40.0%；其余是杨属、椴属、枣属、杏属和桤木属，均为 20.0%。

3.5　出土木炭的共存生态因子分析

根据古气候研究的均一性原理，古今气候有着同一属性，我们对出土木炭进行了共存生态因子法分析（Coexistence Approach，简称 CA），即根据《中国木本植物分布图集》[1]查出考古遗址所在地的现今树种及其年均温（MAT）、年降水量（AP）、湿润指数（IM）等气候参数的最大和最小值，找出所有树种共同的耐受区间。结果表明，二道井子遗址周边年均温为 2.2℃～13.8℃，年均降水量为 471～1073 毫米，湿润指数为 –28.7～74.1。（图 2）

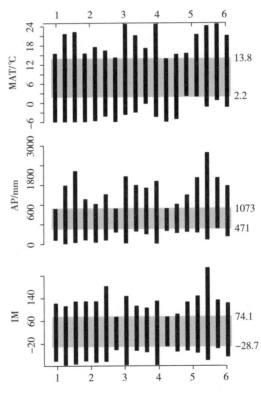

图 2　出土木炭树种共存生态因子法分析

---

[1]　方精云、王志恒、唐志尧：《中国木本植物分布图集》，高等教育出版社，2009 年。

4　讨论

4.1　木炭遗存指示的木材资源的利用

古代人类对树木的利用主要包括木材、食用、药用和香料等。木材自古就是人类生存所依赖的主要原材料，大多数木材可作为建筑材料、薪柴，用于制造各种工具和器具；一些树木的根、茎、叶、花、果实、种子乃至树皮可食用；一些树木有药用成分和香精等。性质明确的遗迹，如房址和灰坑里的木炭是人类强烈选择的结果，反映了植被利用信息。

二道井子遗址出土了 22 种木本植物。

栎属出土概率最高，为 86.3%，在不同的考古背景单位中栎属的出土概率也最高，如房址和灰坑中都占第一位，分别为 85.3% 和 94.1%，说明栎属是二道井子遗址居民利用最多的木本植物。栎属树体高大，木材强度大、耐冲击、有弹性，适于制作屋架和农具。二道井子遗址发现许多房子，房址中出土的栎属木炭可能是建筑或工具、农具遗存。遗址中有许多窖穴，窖穴中出土许多栎木，如在 H47 中占比第一，在 H70 中占比第二。孙永刚认为窖穴高出地面的部分可能是木板，用于挡水和保护窖穴[1]。栎木导管中具有侵填体，颇耐腐，适合制作坑木、篱柱。窖穴出土的栎木，可能是建造窖穴的木材遗存。此外，栎属具有很高的燃烧热值[2]，火力强大，燃烧持久，适宜做薪柴。

栎属为壳斗科，其橡实主要由胚、种皮和果皮三部分组成，外面被覆着由花序总苞发育形成的坚硬壳斗（也叫橡碗）。种皮里面为种胚，细胞里充满了大小不等的淀粉粒，是可食用的主要部分。栎橡实种仁营养丰富，素有"铁杆庄稼""木本粮食"的美称。近些年来，在各地广泛开展的植物考古研究中常有橡实遗存的发现[3]，其中最著名的是浙江余姚田螺山遗址出土的距今 7000 年前后的栎果遗存，橡子是田螺山遗址居民的主食资源之一。文献中也有记载，如《山海经》："柞，楮

［1］孙永刚、赵志军、曹建恩等：《内蒙古二道井子遗址 2009 年度浮选结果分析报告》，《农业考古》2014 年第 6 期，第 1～9 页。

［2］周泽生、董鸿运、李立：《黄土高原常见树草种热值、生物量与薪炭林的关系》，《陕西林业科技》1985 年第 4 期，第 11～14 页。

［3］a. 浙江省文物考古研究所、萧山博物馆：《跨湖桥》，文物出版社，2004 年，第 270～272 页。
b. 浙江省文物考古研究所：《河姆渡——新石器时代遗址发掘报告》，文物出版社，2003 年，第 216～217 页。
c. 北京大学考古文博学院、浙江省文物考古研究所：《田螺山遗址自然遗存综合研究》，文物出版社，2011 年，第 47～72 页。

子可食。"《齐民要术》:"橡子,检岁可食,以为饭;丰年放猪食之,可以致肥也。"[1]据此,二道井子遗址居民采集柃属的橡实是情理之中的。

其次是榆属,出土概率为64.4%。榆属在房址和灰坑中的出土概率均占第二位,分别为55.9%和73.5%。榆属木材多坚硬、细致,耐磨损,韧性强,材质优良,可用于制作家具、器具、农具、车辆、船舶,修建桥梁、建筑等。叶和树皮均可食用,根皮可入药。房子和灰坑中出土较多的榆木木炭,可能是建筑、农具和燃料的遗存。此外,榆钱在中国民间食物史上具有比较重要的意义。《花经》载:"榆树春初缘枝生荚,累累成串,未熟色青,已熟色白,结子为榆钱,可煮羹、蒸糕、拌面、又可酿酒、造酱,故乡人于家宅旁多栽之。"不仅榆钱可食,其叶、树皮、根皮均可用于救饥。《农政全书》载:"采肥嫩榆叶炸熟,水浸淘净,油盐调食。其榆钱,煮糜羹食佳,但令人多睡。或焯过晒干备用,或为酱皆可食。榆皮刮去其上干燥皱涩者,取中间软嫩皮。锉碎晒干,炒焙极干,捣磨为面。拌糠籺、草末蒸食,取其滑泽易食。又云:榆皮与檀皮为末,服之令人不饥。根皮亦可捣磨为面食。"历史上有许多地方官都劝百姓种榆,例如《汉书》记渤海太守龚遂"劝民务农桑,令口种一树榆、百本薤、五十本葱、一畦韭,家二母彘、五鸡"。考古学家曾在河南长葛石固遗址出土的一只陶罐中发现10多枚榆钱遗存,说明裴李岗文化时期居民已采食榆钱[2]。《农桑通诀》载:"昔丰沛岁饥,以榆皮做屑煮食之,民赖以济。"崔寔曰:"二月,榆荚成,及青收,干,以为旨蓄。色变白,将落,可作食。"[3]《农书译注》:"榆叶曝干,捣罗为末,盐水调匀,日中炙曝,天寒于火上熬过,拌菜食之,味颇辛美";"榆皮,去上皱涩干枯者,将中间嫩处,剉,干,砲为粉,当歉岁亦可代食"[4]。

第三位是杨属,出土概率为32.9%。在房址中杨属出土概率占第四位,为32.4%;在灰坑中占第三位,为35.3%。杨木纹理直或略斜,结构甚细,均匀,质轻,干缩小、强度低,冲击韧性中至高,适合制作家具,用作板料、建筑材料、做车厢板等。木材无臭无味、色浅,也适合制作包装箱、装饮料的木桶。房址和灰坑中出土的杨木木炭,可能是建筑、农具和燃料的遗存。

第四位是桃属,出土概率为31.5%。在房址中桃属出土概率占第三位,为35.3%;在灰坑中占第四位,为32.4%。桃木木质细腻,木体清香,可作为工艺用

---

[1]　罗伟祥、张文辉、黄一钊:《中国栓皮栎》,中国林业出版社,2009年,1~17页。
[2]　许天中:《从长葛石固遗址论裴李岗文化时期的原始农业》,见河南省文物考古学会编《河南文物考古论集》,河南人民出版社,1996年,第12~16页。
[3]　(东汉)崔寔:《四民月令·二月》,参见卢嘉锡《中国科学技术史·农学卷》,科学出版社,2000年,第213页。
[4]　(元)王祯:《农书译注》,齐鲁书社,2009年,第339~343页。

材。桃属木材来自房址和灰坑，可能是木器火烧后的遗存。桃为蔷薇科，原产我国。桃果外观艳丽，肉质细腻，营养丰富。其根、叶、花、仁可入药，具有止咳、活血、通便、杀虫之效。甜仁可食用，核壳可作活性炭。《大戴礼记·夏小正》："（一月）梅、杏、杝桃则华。杝桃，山桃也。"《诗经·魏风·园有桃》："园有桃，其实之肴。心之忧矣，我歌且谣。"说明桃在夏代就有栽培。在中国新石器和青铜时期的考古遗址中，桃的果核发现甚多，如湖南澧县八十垱、浙江余姚河姆渡、萧山跨湖桥、余杭茅山、上海青浦崧泽、吴兴钱山漾和二里头遗址都发现了大量的桃核。河北藁城台西村商代遗址曾出土栽培桃的桃核[1]。二道井子遗存与二里头文化时期接近，遗址中较高概率的桃木炭的出现，说明二道井子居民有可能种植桃树并食用。

　　第五位是桦属和枸子属，出土概率均为 28.8%。

　　房址中桦属出土概率占第六位，为 26.5%；灰坑中占第三位，为 35.3%。桦木木材强度较大，结构细致，易加工，切面光滑，油漆和胶合性能好，可制作木桶、弓箭、马鞍和工具柄、农具等。桦木树皮不透水，在林区常用于建造房屋，又可提制栲胶及蒸制桦皮油，桦木叶可饲育柞蚕。遗址中的桦木木炭可能是器具、工具柄、农具和燃料的遗存。

　　房址中枸子属出土概率占第五位，为 29.4%；灰坑中占第六位，为 26.5%。枸子木材抗弯强度、顺纹抗压强度及冲击韧性都较高，木材加工性质优良，切削面光洁，干燥性能良好，不容易翘裂，握钉力强，木材耐久，不易遭虫蛀。由于木材径级较小，多作为农具用材，制作柄把、柄柱，或作为车辆材。因其细致而富有光泽，可用于制作工艺美术品，适宜雕刻，也可用于制作家用器皿。房址和灰坑出土的枸子属木炭，可能是农具和木器遗存。

　　第六位是松属，出土概率为 27.4%。房址中松属出土概率占第三位，为 35.3%，而灰坑中占第七位，为 17.7%。松树树干高大、通直，力学性能高，且具有一定耐腐性，同时取材便利，是很好的建筑材料。松木含油脂高，可用作燃料。根据统计分析，遗址多数松木出自房址，应是建筑材料；少数出自灰坑，可能是燃料遗存；还有一部分出自窖穴，可能是窖穴口部的挡板遗存。

　　第七位是椴属，出土概率为 26.0%。房址中椴属出土概率占第七位，为 20.6%；灰坑中没发现椴属木炭。椴树属材质轻软，结构细，纹理直，不翘不裂，可做胶合板、建筑材料，制作家具等。树皮富含纤维，可制绳索、麻袋及做造纸原料。遗址

---

[1] 王树芝、赵海涛、陈国梁等：《二里头遗址 V 区出土木炭的分析与研究》，见中国社会科学院考古研究所编《夏商都邑与文化（二）——"纪念二里头遗址发现 55 周年学术研讨会"论文集》，中国社会科学出版社，2014 年，第 372～382 页。

出土的椴树木炭，可能是建筑和生活用具的遗存。

第八位是柳属，出土概率为 24.7%。房址中柳属出土概率占第八位，为 17.7%；而灰坑中占第五位，为 29.4%。柳木木材密度较高，质硬，耐烧。中国古代有燧人上观辰星下察五木以为火的传说，"春取榆柳之火，夏取枣杏之火，季夏取桑、柘之火，秋取柞楢之火，冬取槐檀之火"[1]。推测遗址出土的柳树木炭主要为燃料的遗存。

第九位是杏属，出土概率为 19.2%。房址中杏属出土概率占第七位，为 20.6%；灰坑中杏属也占第七位，为 17.7%。杏属为蔷薇科。杏树心材淡红色，纹理直，质略重，结构细密，花纹美丽，可做美术用材。杏也是一种燧木，传说"夏取枣杏之火"。遗址中出土的杏木炭可能是木器和薪柴的遗存。

杏果实多汁，味美，营养丰富，可鲜食，也可加工制成杏脯。杏仁是重要的药材，可药用，有止咳、平喘、润肠之功效。仁用杏可将种仁加工成杏仁露，可榨油。杏是中国原产，栽培历史悠久。关于中国杏的人工栽培，最早见于商代甲骨文及成书于商代或商周之际的《夏小正》。《夏小正·四月》记载"囿有见杏"，囿是围有土墙的园圃，可见已出现专业性的果园栽培，至今约 4000 多年。《管子》记载："五沃之土，其土宜杏。"《山海经》记载："灵山之下，其木多杏。"《齐民要术》记载："文杏实大而甜，核无文彩。"此外《广志》《西京杂记》《王祯农书》《本草纲目》《群芳谱》等均有关于杏树栽培及其品种的记载[2]。就考古发现而言，最早的杏果核见于公元前 6200～前 5000 年的跨湖桥遗址[3]；在东北地区新石器时代的辽宁新乐文化（距今 7245～6800 年）遗址也发现了杏的果实[4]；查海新石器时代聚落遗址 F26 出土 9 粒完整山杏、若干核壳碎块及 2 个完整的核仁，F53 出土若干山杏内果皮碎块[5]；西城驿遗址四坝文化时期地层出土了 1 枚杏核[6]。杏的栽培最早可以追溯到夏代，在二里头文化时期的驻马店杨庄遗址发现两枚杏和一枚山杏果核，个别标本可与现生杏对照，形状基本相似[7]；在周原遗址 H83 共发现 500 枚杏核，包括 108 枚完整种子及带有部分果核及果皮的种子[8]。二道井子遗存与二里头文化时期接近，

［1］（周）尸佼：《尸子》，清平津馆丛书本，第 51 页。
［2］河北农业大学：《果树栽培学各论》，农业出版社，1980 年，第 153 页。
［3］浙江省文物考古研究所、萧山博物馆：《跨湖桥》，文物出版社，2004 年，第 271 页。
［4］刘牧灵：《新乐遗址的古植被和古气候》，《考古》1988 年第 9 期，第 846～849 页。
［5］辽宁省文物考古研究所：《查海——新石器时代聚落遗址发掘报告》，文物出版社，2012 年，第 630～637 页。
［6］王树芝、李虎、张良仁等：《甘肃张掖黑水国西城驿遗址出土木炭指示的树木利用和古环境》，《第四纪研究》2014 年第 1 期，第 43～50 页。
［7］北京大学考古学系、驻马店市文物保护管理所：《驻马后杨庄——中全新世淮河上游的文化遗存与环境信息》，科学出版社，1988 年，192～193 页。
［8］孙周勇：《周原遗址先周果蔬储藏坑的发现及相关问题》，《考古》2010 年第 10 期，第 69～75 页。

从侧面说明二道井子居民也有可能种植杏树并食用。

第十位是黄波罗，出土概率为 16.4%。房址中黄波罗出土概率占第七位，为 20.6%；灰坑中占第八位，为 14.7%。黄波罗木材略轻软，纹理直，力学强度中等，略耐磨损，弯曲性能较好，是高级家具及建筑装修的良材。黄波罗又称黄柏，其所含的小檗碱（黄连素）有消炎、杀菌、止泻、解毒和健胃功效，自古是我国常用消炎、解毒的重要药物之一。此外黄波罗还有降低血压、扩张冠状动脉及降低血糖的作用。除药用外，古时黄檗也被用作黄色染料。遗址出土的黄波罗木炭，可能是家具和建筑的遗存。

第十一位是枣属，出土概率为 9.6%。房址中枣属出土概率占第十位，为 8.8%；灰坑中占第九位，为 8.8%。枣木心材红褐色，纹理细致，色泽美观，无特殊气味和滋味，耐腐且抗蚁蛀，旋切效果优良。俗语云："枣木犁头硬如钢"，枣木材坚实，适宜制作各种工具柄、家具腿以及木梳等保健用品和雕刻。枣木木质较密实，燃烧热值高，火力强，燃烧时间长，是一种燧木[1]，如"夏取枣杏之火"。枣木还可做薪柴，如《诗经》记载有桑薪、柞薪、棘薪等，棘薪即枣薪。遗址出土的枣木炭，可能是工具和燃料的遗存。

枣属为鼠李科，枣的果实由果皮、果肉、坚硬具蜡质的种皮和种子四部分组成。其中种子包括胚芽、子叶和胚乳，胚乳发达；果肉是主要的食用部分。枣果含有丰富的营养物质，是上等的滋补品。《诗经·豳风》中有"八月剥枣，十月获稻"的诗句。《史记》中有"是岁大荒，百姓皆食枣菜"。《战国策》中有"枣栗之实，足食于民"。杜甫的诗"庭前八月梨枣熟，一日上树能千回"生动描绘了上树摘枣吃的情形[2]。秦汉食枣风气极为浓厚，汉墓发掘出土了较多实物资料，如汉代铜镜铭文有"上有仙人不知老，渴饮甘泉饥食枣"[3]。

枣果实、种仁、叶片、木心、枝皮均可入药，具有很高的医疗价值。《神农本草》和《本草纲目》对其医疗价值均有记载，认为枣有健脾养胃、益血壮神之功效。现代医学表明，红枣对气血不足、贫血、肺虚咳嗽、神经衰弱、失眠、高血压、败血病和过敏性紫癜等均有疗效[4]。我国多处新石器时代和青铜时代遗址出土了枣属植物遗存，如河南灵宝西坡遗址属于仰韶文化时期的 M27 填土内有大量枣吊、酸枣吊和枣叶、酸枣叶[5]；河南密县莪沟北岗新石器时代遗址中出土炭化酸枣

[1]（清）李光庭：《乡言解颐》，卷四《物部上》，清道光刻本，第 47 页。

[2] 曲泽洲、王永惠：《中国果树志·枣卷》，中国林业出版社，1993 年，第 1 页。

[3] 王子今：《秦汉名物丛考》，东方出版社，2016 年，第 77 页。

[4] 曲泽洲、王永惠：《中国果树志·枣卷》，中国林业出版社，1993 年，第 1 页。

[5] 王树芝：《M27 填泥中植物印痕分析》，见中国社会科学院考古研究所、河南省文物考古研究所编著《灵宝西坡墓地》，文物出版社，2010 年，第 239～260 页。

核和干枣[1]；山东滕州市庄里西遗址出土了属于龙山文化中、晚期的酸枣果核[2]；河南王城岗遗址二里岗文化层和春秋时期的文化层出土了酸枣核[3]，龙山文化层出土了枣木炭[4]；河南禹州瓦店遗址出土龙山文化时期的枣木炭和酸枣核[5]；山东教场铺遗址出土有龙山文化时期的枣木炭[6]。可见，我国古代先民利用枣树的历史源远流长，可以肯定，二道井子的居民也采集枣树果实为食物。

第十二位是槭属，出土概率为8.2%。灰坑中槭属占第七位，出土概率为17.7%。槭木结构细致，均匀，硬度良好，摩擦面光滑，尺寸性稳定，耐震动，是工具、建筑等优良用材。槭木木材纹理特别细密，是制作高级乐器和工艺品的特殊用材。遗址中出土的槭木木炭，可能是工具的遗存。

第十三位是桤木属和未知树种1，出土概率均为6.8%。其中桤木在房址中占第九位，出土概率为11.8%；灰坑中未发现。桤木木材淡红褐色，心、边材区别不明显，材质轻软，纹理通直，结构细致，耐水湿，为水工设施、坑木、矿柱的良好用材，也可作为建筑材料，用于制作家具、农具、胶合板、火柴杆、铅笔杆等。遗址中出土的桤木木炭可能是建筑、家具、农具的遗存。

其余为白蜡属、铁木属、栾树属、鼠李属和3个未知树种。

白蜡属木材材质坚韧，纹理通直，富弹性，用途广。铁木边材黄褐或浅红褐色，心材红褐色，有光泽，纹理直，结构甚细，均匀，材质硬重，干缩甚大，切削较难，不易干燥，可用于制作器具、家具，作为建筑材料等。栾树属木材黄白色，较脆，易加工，宜制作板料、农具、器具等。鼠李属木材坚重，致密，花纹美观，可供制作家具、车辆及细木工、雕刻等。遗址中出土的上述木炭可能是农具、器具等的遗存。

有研究人员对内蒙古阿鲁科尔沁旗蒙古族食用野果的民族植物学研究表明，当地人采集食用15种植物的果实，从种类数目、果实品质和民间利用程度看，利用

［1］河南省博物馆、密县文化馆：《河南密县莪沟北岗新石器时代遗址发掘简报》，《文物》1979年第5期，第30~41页。

［2］孔昭宸、刘长江、何德亮：《山东滕州市庄里西遗址植物遗存及其在环境考古学上的意义》，《考古》1999年第7期，第59~62页。

［3］赵志军：《浮选结果与分析》，见北京大学考古文博学院、河南省文物考古研究所编著《登封王城岗考古发现与研究（2002~2005）》，大象出版社，2007年，第516~535页。

［4］王树芝、王增林：《木炭碎块的研究》，见北京大学考古文博学院，河南省文物考古研究所编著．《登封王城岗考古发现与研究（2002~2005）》，大象出版社，2007年，第555~567页。

［5］王树芝、方燕明、赵志军：《龙山时代的植被、古气候及植物利用——以河南瓦店遗址的木炭分析为例》，《第四纪研究》2012年第2期，第226~235页。

［6］王树芝、王增林、贾笑冰、梁中合：《山东聊城教场铺遗址出土炭化碎块的鉴定以及古代人类对木本植物利用的初步分析》，见中国社会科学院考古研究所编著《新世纪的中国考古学：王仲殊先生八十华诞纪念论文集》，科学出版社，2005年，第980~999页。

最多的是蔷薇科的野果[1]。通过统计分析，二道井子居民利用最多的野果或栽培的果实同样是蔷薇科的桃和杏，其次是枣。

4.2 木炭遗存和其他研究指示的古植被和生态环境

考古遗址中的木炭遗存虽然是古人类对树木选择利用的结果，如建筑材料、薪柴和工具等，但是依据"最省力原则"，人们在遗址周边随意采集薪柴[2]，每个树种的出土频率与该树种在林地植被中的丰度是一致的[3]，且地层中分散的木炭是多次实践活动的遗存，因此考古遗址中的木炭遗存在一定程度上代表了遗址周边的植被组成。经鉴定和分析，二道井子遗址地层中的木炭，榆属出土概率最高，为 60.0%；其次是松属、栎属、枸子属和柳属，均为 40.0%；其余是杨属、椴属、枣属、杏属和桤木属，为 20.0%。虽然地层只有 5 份样品，但一定程度上反映出夏家店下层文化时期二道井子居民生活的自然环境中分布着油松阔叶混交林、以蒙古栎林为建群树种的落叶阔叶林，以及榆树、椴树暖温带落叶阔叶林和一些果树，河边有杨和柳。

油松是中国的特有树种，华北山地的天然油松林多分布在海拔 1200～1800 米。一般认为限制油松分布的上限年平均温度为 1.0℃，1 月平均温度为 –19.0℃；限制油松分布的下限不是温度而是水分，当干燥指数大于 1 时油松很难生长，所以湿润状况比温度对油松的分布起着更大的限制作用。栎属的存在表明气候较暖湿。柳属多分布在河流两岸的滩地、低湿地，说明遗址周围有河流。综上，木炭分析结果表明赤峰地区二道井子遗址夏家店下层文化时期温暖湿润，与大山前夏家店下层文化时期的周边环境一致[4]。

出土木炭共存生态因子分析结果表明，二道井子遗址周边年均气温为 2.2℃～13.8℃，年均降水量为 471～1073 毫米。现今赤峰地区年平均气温 5℃～8℃，年降水量为 350～450 毫米。通过比较可以看出，二道井子遗址夏家店下层文化时期气候是湿润的。

二道井子遗址 149 座房址中多数门道朝西南，也说明当时气候温暖湿润。因为，史前房屋建筑受多种因素的制约，其中生态环境和气候直接影响房屋的建筑式样和方法，门向朝东南处在避风处，可以减轻冬季寒冷。

［1］ 哈斯巴根等：《内蒙古阿鲁科尔沁旗蒙古族食用野果的民族植物学研究》，《内蒙古师范大学学报（自然科学汉文版）》1995 年第 1 期，第 61～63 页。
［2］ Shackleton, C. M., Prins, F. (1992). Charcoal analysis and the "principle of least effort"—A conceptual model. *Journal of Archaeological Science*, 19, 631–637.
［3］ Salisbury, K. J., Jane, F. W. (1940). Charcoals from Maiden Castle and their significance in relation to the vegetation and climatic conditions in prehistoric times. *Journal of Ecology*, 28, 310–325.
［4］ 王树芝、王增林、朱延平：《内蒙古赤峰市大山前第一地点夏家店下层文化的植被和生态气候》，《华夏考古》2004 年第 3 期，第 44～51 页。

崔海亭等人对敖汉旗大甸子遗址及大甸子遗址西南 30 千米处哈力海吐遗址两处灰坑炭化碎块的显微结构进行研究，发现其中都存在蒙古栎，再结合一些孢粉分析，认为赤峰地区夏家店文化时期气候温暖湿润[1]。靳桂云等人对河北怀来太师庄泥炭剖面进行孢粉和氧同位素分析，获得了较高分辨率的气候变化记录，距今4000~3380年，$\delta^{18}O$ 值持续较高，5 点平滑曲线中表现为一个很高的平台，是整个曲线中最高的阶段；在最末期，$\delta^{18}O$ 值呈下滑趋势，气温升高，发育针阔混交林，此时正对应夏家店下层文化的发展[2]。夏正楷等认为，距今 4000 年前后河流再次下切形成了阶地和河漫滩，阶地地势平坦、土质肥沃、取水方便又无水灾之患，是当时人类理想的栖息地，新的漫滩也是当时人类的活动场所[3]。

所有这些，都表明夏家店下层文化时期的二道井子遗址局域生态环境温暖湿润。

4.3 经济形态、生业模式的探讨

二道井子遗址地理上属于科尔沁沙地。科尔沁沙地区域对气候变化的响应具有独特性。当气候暖湿期到来，周围山地相对湿润的森林景观斑块扩张，波及山前丘陵带，科尔沁沙地形成固定沙地，发育古土壤；在气候干冷期，周围山地森林斑块收缩，山前草原范围扩大，科尔沁沙地植被盖度减小，沙地活化、边缘向外扩张[4]。二道井子遗址木炭及其他研究表明，夏家店下层文化时期的二道井子遗址局域生态环境温暖湿润，沙地发育古土壤，有利于农业发展。二道井子遗址有 153 座窖穴，多数窖穴内发现大量的炭化黍颗粒以及呈穗状的炭化粮食作物[5]，房址和灰坑中发现一些粟的秸秆（图 3）、小穗和穗轴（图 4）的木炭。孙永刚等对夏家店下层文化时期聚落分布以及诸多遗址周边自然地层与文化层的孢粉研究结果进行分析，认为夏家店下层文化遗址集中分布于赤峰南部黄土丘陵台地区，并向河谷台塬、河漫滩等适宜农业开发的地域推进，加之这一时期相对优越的气候环境的影响，促进了农业经济的高度发展[6]；二道井子遗址种子分析发现了大量的粟、黍、

［1］ 崔海亭、李宜根、胡金明等：《利用炭屑显微结构复原青铜时代的植被》，《科学通报》2002 年第19 期，第 1504~1507 页。

［2］ 靳桂云：《燕山南北长城地带中全新世气候环境的演化及影响》，《考古学报》2004 年 4 期，第485~505 页。

［3］ 夏正楷、邓辉、武弘麟：《内蒙西拉木伦河流域考古文化演变的地貌背景分析》，《地理学报》2000 年第 3 期，第 329~336 页。

［4］ 李宜垠、崔海亭、胡金明：《西辽河流域古代文明的生态背景分析》，《第四纪研究》2003 年第 3期，第 291~298 页。

［5］ 内蒙古文物考古研究所：《内蒙古赤峰市二道井子遗址的发掘》，《考古》2010 年第 8 期，13~26 页。

［6］ 孙永刚、曹彩霞：《夏家店下层文化时期聚落分布、环境变化与农业经济的关系》，《赤峰学院学报（汉文哲学社会科学版）》2011 年第 11 期，第 1~4 页。

大豆和麻农作物，故夏家店下层文化时期已经处于比较发达的农业经济阶段，此时中国北方地区旱作农业的农业生产结构也出现了一个显著变化，即由单一农作物种植结构转变为多品种种植结构[1]。贾鑫等依据碳十四测年资料、古植物遗存分析和考古遗址的空间分布信息，推测夏家店下层文化时期的经济形态属于旱作农业类型，至夏家店上层文化时期，因气候恶化，农业生产力减弱[2]。

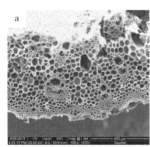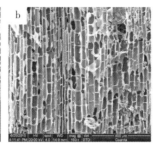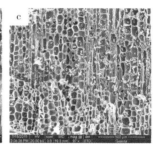

图 3　粟秸秆的解剖结构

a. 粟秸秆横切面　b. 粟秸秆径切面　c. 粟秸秆弦切面

图 4　粟植株的不同部位

a. 粟秸秆　b. 粟穗轴　c. 小谷穗

在其他夏家店下层文化聚落居址中发掘出许多石制的生产工具，如长方形石铲、锄、镰、磨谷器等，反映出夏家店下层文化农业的高度发展水平。属于夏家店下层文化时期的敖汉旗大甸子遗址的随葬罐中发现保存完好的谷子（*Setalia italica*）外壳[3]。兴隆沟遗址第三地点（夏家店下层文化）浮选出的植物种子有黍、粟和大豆等，出土的植物种子以栽培作物为主。在赤峰市松山区四分地东山咀遗址出土有一个带盖的陶甗，装有深色谷粒，经鉴定已全部炭化，籽粒脱壳，形态较完整，少

［1］ 孙永刚、赵志军、曹建恩等：《内蒙古二道井子遗址 2009 年度浮选结果分析报告》，《农业考古》2014 年第 6 期，第 1~9 页。

［2］ Jia, X., et al. (2016). The transition of human subsistence strategies in relation to climate change during the Bronze Age in the West Liao River Basin, Northeast China. *The Holocene*, 26(5), 781–789.

［3］ 孔昭宸、杜乃秋、刘长江等：《兴隆洼遗址植物遗存及其赤峰市 8000 年来环境考古学研究的收获与思考》，《中国社会科学院古代文明研究中心通讯》第 14 期，20~22 页。

有破损，宽 1.8～2 毫米，自胚凹处至底部长 1.5～1.8 毫米，形状大小与现代北方常见的黄米相似，应是我国古稷的一个品种，已经栽培。此外在已经发掘的夏家店下层文化遗址中都发现了动物骨骼，能辨认出的有猪、狗、羊、牛和鹿科动物，鹿科动物是通过狩猎所得，其他动物是通过畜牧经济获得。王立新根据大山前遗址出土的掘土工具相关资料，结合粮食颗粒和动物骨骼的鉴定与分析，认为夏家店下层文化已属于一种精耕细作的农业类型[1]。

此外，获得果实并不需要花费人类很多的精力，也不需要很多的时间进行管理，而且果树的果实多浆汁或果肉，风味独特，营养丰富，是人类的一部分营养来源。遗址中桃、杏、枣、松、栎属及榆树木炭的发现，从一个侧面反映出当时的人类会采集野果、榆叶、榆钱或栽培果树作为主食的补充。

因此，赤峰地区夏家店下层文化生业模式是以精耕细作的农业经济为主，兼营畜牧、狩猎、采集的复合经济，有可能采集桃、杏、橡子和松子等经济林的果实食用，采集榆树的果实和叶子食用。

值得注意的是，二道井子遗址与大山前第一地点一样，出土的木本植物中存在耐阳的桦属、杨属先锋树种，暗示有人类活动的干扰。当木本植物被采伐或火烧以后，原有的植被遭到破坏，林地裸露，光照增强，温度变化剧烈，耐阴的树种幼苗对霜冻、日灼和干旱敏感，很难适应迹地改变了的环境条件，因而不能生长。这种条件虽然不适宜耐阴的树种生长，但是适合结实早、种粒小、抗火能力强的阳性树种的更新和发展，这时附近的山杨、桦树率先侵入这个地区，迅速成林，实现定居。此外，巴林左旗七锅山剖面夏家店下层文化时期的孢粉分析表明，孢粉组合中先锋物种蕨类植物中华卷柏的增多也暗示人类活动有所加剧[2]。

综上所述，赤峰地区夏家店下层文化时期生态环境温暖湿润，生业模式以精耕细作的农业经济为主，兼营畜牧、狩猎、采集的复合经济。耐阳的桦属、杨属先锋树种，暗示人类活动的干扰加剧。

5　小结

通过对二道井子遗址出土的夏家店下层文化时期的 7710 块木炭进行鉴定，有22 种木本植物种属，对这些种属的木材材质和树种的生态特性分析，得出以下认识：

［1］　王立新：《大山前遗址发掘资料所反映的夏家店下层文化的经济形态与环境背景》，见吉林大学边疆考古研究中心编《边疆考古研究·第 6 辑》，2007 年，350～357 页。
［2］　许清海、杨振京、崔之久等：《赤峰地区孢粉分析与先人生活环境初探》，《地理科学》2002 年第4 期，453～456 页。

夏家店下层文化时期二道井子遗址居民生活的自然环境分布着油松阔叶混交林、以蒙古栎林为建群树种的落叶阔叶林以及榆树、椴树暖温带落叶阔叶林和一些果树，河边有杨和柳，局域生态环境温暖湿润。

　　栎属在古代人类生活中有重要作用，无论整个遗址还是房址、灰坑，栎属的出土概率都是最高的。栎属是房屋和窖穴的建筑材料，也是薪柴。此外建筑材料和薪柴还有松木、榆木和杨木等。

　　二道井子遗址夏家店文化时期的生业模式应是精耕细作的粟作农业经济为主，兼营畜牧、狩猎、采集的复合经济。有可能采集桃、杏、橡子、松子等野果，或以栽培果树的果实、榆钱和榆树叶子作为主食之外的营养补充。

　　附记：本研究得到国家社会科学基金项目（批准号：17BKG031）、国家社会科学基金重大项目（批准号：14ZDB050）、国家自然科学基金项目（批准号：41571183 及 41771223）共同资助。

内蒙古西拉木伦河流域
考古文化演变的地貌背景分析

夏正楷　邓　辉　武弘麟

北京大学城市与环境学系

西拉木伦河流域属西辽河上游，由西拉木伦河及其支流老哈河、教来河、查干木伦河等组成。该流域地处内蒙古高原向松辽平原过渡的斜坡地带，地势西高东低，西部为中山，向东渐变为低山、丘陵，直至平原。西拉木伦河发源于内蒙古高原，自西向东流经本区，沿主河及其支流广泛发育有两级阶地。在西拉木伦河中下游，主河以南有广泛的黄土堆积，它们覆盖在不同的地貌部位上，形成黄土台塬、黄土丘陵和黄土谷地。在主河以北，有大片的沙地分布，属科尔沁沙地的一部分[1]（图1）。由于地处我国北方干旱区与半干旱—半湿润区的过渡地带，对气候变化和人类活动的响应敏感，这里的生态环境非常脆弱，现今人地关系处于十分紧张的状况。

近年来的考古发现表明，在8000~3000 a B.P.，西拉木伦河流域曾经是人类活动十分活跃的地区，先后出现过各具特色的兴隆洼文化、赵宝沟文化、红山文化、小河沿文化、夏家店下层文化和夏家店上层文化等。本文探讨这些古代文化和自然环境诸要素之间的相互关系，着重讨论8000~3000 a B.P. 期间该地区考古文化分布和演变的地貌背景。

1　全新世大暖期考古文化在时间上的演替

根据大量的考古发掘资料和^{14}C年代数据，杨虎等认为在全新世大暖期，即8000~3000 a B.P. 期间，西拉木伦河流域的考古文化序列可以依次排定为兴隆洼文化、赵宝沟文化、红山文化、小河沿文化、夏家店下层文化和夏家店上层文化[2]。

---

[1] 内蒙古草场资源遥感应用考察队：《内蒙古自治区赤峰市自然条件与草场资源地图》，科学出版社，1988年。

[2] 杨虎：《辽西地区新石器——铜石并用时代考古文化序列与分期》，《文物》1994年第5期，第37~52页。

兴隆洼文化（8000～6500 a B.P.）：生产工具以掘土用的打制石锄为主，也有翻土用的磨制石铲、砍伐用的石斧和加工食物用的石磨盘、石磨棒等，标志当时农业已经出现，并有了一定的发展。但鱼镖、兽骨和大量胡桃楸果实的出土，标志渔猎和采集在经济生活中仍占重要地位，属生产力低下，渔猎、采集和原始农业并存的早期农业阶段。

赵宝沟文化（6500～6000 a B.P.）：生产工具以磨制石器为主，加工精良，新型翻土工具——尖弧刃石耜和改进型砍伐工具——扁平石斧以及规整的石磨盘、石磨棒的大量出土，表明当时的农业生产技术和生产力水平较兴隆洼时期已有了明显的提高和发展。

红山文化（6000～5000 a B.P.）：磨制石器不仅制作精美，而且器形规整，有石锄、石斧、石刀、石锛、石犁、石耜和石磨盘、石磨棒等，其中石犁和石耜刃锋尖锐，数量众多，是主要的翻土工具。出土有大量的炭化谷物和家猪遗骸，并发现铜环和铸铜用的陶范。文化遗址的密度远远超过兴隆洼和赵宝沟时期。红山文化已进入铜石并用时代，生产技术和生产力水平有极大的提高，人口骤增，是农业生产大发展的时期。

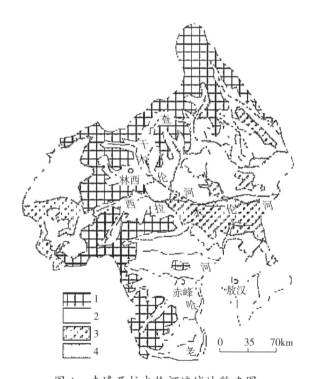

图 1　赤峰西拉木伦河流域地貌略图

1.基岩山地和台地　2.黄土台塬和丘陵　3.沙地　4.冲洪积平原

小河沿文化（5000～4000 a B.P.）：常见形制多样的石斧和制作精良的石铲，而红山时期普遍使用的先进翻土工具——石耜和石犁几乎绝迹。小河沿文化的分布范围比红山文化明显变小，且遗址数量锐减。表明农业生产技术和生产力水平较之红山时期有明显的退步。

夏家店下层文化（4000～3300 a B.P.）：石器主要为磨制的翻土工具——扁平石铲和石锄；骨器有镞、铲和锥；发现有微型铜器和铸铜用的陶范。炭化谷物、贮粮窖穴和家猪遗骸出土普遍。文化遗址无论在数量上，还是在规模上，都远远超过红山时期。表明当时人口骤增，农业生产技术和生产力水平又有了极大的提高，农业社会进入一个新的极盛时期。

夏家店上层文化（3300～2800 a B.P.）：石器以半月形穿孔石刀和石锤、石斧为主，石锄、石铲等农具少见；骨器以长铤骨镞数量最多，也流行骨匕；青铜器有刀、斧、锥、凿、镐和礼器、马具、饰品等。是具有强烈草原游牧色彩的畜牧业文化。

从上述文化序列可以看出，在8000～3000 a B.P. 期间，人类一直生息在西拉木伦河流域。其中，8000～6000 a B.P. 的兴隆洼—赵宝沟时期，人类主要从事渔猎、采集和原始农作；6000～5000 a B.P. 的红山时期，原始农业得到极大的发展，并成为主要的生产活动，本区出现了农业经济的第一次繁荣；在5000～4000 a B.P. 的小河沿时期，处于极盛时期的红山文化突然衰落，农业经济出现大的滑坡；在4000～3300 a B.P. 的夏家店下层时期，农业又一次得到极大的发展，本区出现了农业经济的第二次繁荣；在3300～2800 a B.P. 的夏家店上层时期，文化性质发生根本的转变，农业经济被畜牧业经济所替代。考古文化的兴衰，尤其是农业文化的兴衰，与地理环境的演变有密切的关系[1]，其中地貌演变，包括河流阶地的发育、黄土的堆积及沙漠的进退等，对古代文化的分布、发展和演替有着重要的影响。

2　河流阶地的发育和史前文化的垂直迁移

在西拉木伦河流域，史前文化遗址的垂直分布与河流阶地的发育有密切的关系。

据野外初步调查，西拉木伦河及其支流普遍发育有两级阶地，其上为黄土台塬。黄土台塬由巨厚的黄土组成，塬面一般高于河面150～180米。在林西县西南西拉木伦河南岸的马家沟营子，台塬面上覆盖有巨厚的风沙层，其下部黑沙土夹层

---

[1]　Butzer, K. W. (1964). *Environment and Archeology*, 402‒437. Chicago: ALDINE Publishing Company.

的 ^{14}C 年龄[1]为 6380±110 a B.P.，指示黄土台塬形成于 6500 a B.P. 以前。兴隆洼和赵宝沟时期的文化遗存往往被埋藏在风沙层的黑沙土夹层之中。河流二级阶地高于河面 10 米左右，主要为基座阶地，基座为黄土或基岩。在二级阶地面上往往覆盖有黄土，其中夹有 2～3 层古土壤。在赤峰东南的下洼沟，二级阶地上覆黄土中的古土壤，其 $AMS^{14}C$ 年龄为 3750±150 a B.P.，表明该阶地形成于 3750 a B.P. 以前，由此推断河流的下切和二级阶地沉积物的堆积发生在 6500～3750 a B.P. 之间。红山和小河沿时期的文化遗存主要分布在二级阶地的沉积物之中和黄土台塬之上。河流一级阶地高于河面 2～4 米，属基座阶地或堆积阶地。在敖汉旗东南的王祥沟，一级阶地沉积物下部的 ^{14}C 年龄为 3980±80 a B.P.，中部为 2520±80 a B.P.，上部为 1065±75 a B.P.。表明河流的第二次下切和二级阶地的形成发生在 4000 a B.P. 前后，一级阶地沉积物的堆积发生在 4000～1000 a B.P. 之间，在 1000 a B.P. 前后，河流发生第三次下切并形成一级阶地。夏家店时期的文化遗存主要分布在一级阶地的沉积物和二级阶地的上覆黄土之中，在黄土台塬面上也有分布，辽代的文化遗存主要分布在一级阶地的阶地面上（图 2）。

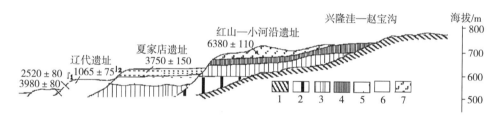

图 2　西拉木伦河河谷横剖面及人类文化遗址分布范围示意图

1. 基岩　2. 红土　3. 离石黄土　4. 马兰黄土　5. 全新世黄土　6. 河流沉积　7. 风沙沉积

　　河流阶地的发育是本区全新世重要的地貌事件之一，它直接影响古人类的生存环境，对人类栖息地的选择和迁移起着重要的作用。

　　兴隆洼—赵宝沟文化时期（8000～6000 a B.P.），现代河流水系的雏形刚刚出现，本区主要为宽广的山间黄土堆积平原。当时人类游弋在黄土平原及其周围的山麓地带，从事渔猎、采集和原始农作。6500 a B.P. 前后，河流水系形成并发生强烈下切，黄土堆积平原被分割为黄土台塬和河谷，由于河流的摆动，河谷中河漫滩十分发育。在红山和小河沿文化时期（6000～4000 a B.P.），除由黄土平原演变而来的黄土台塬之外，新生的河漫滩也是人类的活动场所。4000 a B.P. 前后，河流再次下切，形成了阶地（即现在的二级阶地）和河漫滩。阶地的形成为夏家店文化时

[1]　本文测年数据一律采用半衰期 5730 年，未经树轮校正。

期（4000~2800 a B.P.）的人类提供了一个更加安全和适合农作的场所，阶地地势平坦、土质肥沃、取水方便而又无水灾之患，是当时人类理想的栖息地，而河流下切形成的新漫滩也是当时人类的活动场所。1000 a B.P. 前后，河流再次下切，形成现在的一级阶地，辽代人类主要活动在这一级阶地面上，也可以到其他地貌面上活动。

表1　人类活动场所与地貌演化过程对应表

年代 /a B.P.	考古文化期	地貌演化过程	人类活动主要场所
<1000	辽	现代河流沉积物堆积时期	以一级阶地面为主，漫滩、二级阶地面、台塬面次之
1000		河流下切形成一级阶地	
4000~2800	夏家店上层 夏家店下层	一级阶地沉积物堆积时期	以二级阶地面为主，漫滩、台塬面和山麓次之
4000		河流下切形成二级阶地	
6000~4000	红山—小河沿	二级阶地沉积物堆积时期	以黄土台塬面为主，漫滩次之
6000		河流下切形成黄土台塬和谷地	
8000~6000	兴隆洼—赵宝沟	山间黄土堆积平原水系雏形出现	黄土平原和山麓地带

由于河谷地貌的发育以及人类对栖息地的选择，造成了区内史前文化遗址在垂向上的分布格局：兴隆洼和赵宝沟时期的文化遗址分布部位较高，主要见于黄土台塬面和台塬后缘的山坡上；红山和小河沿时期的文化遗址分布部位降低，主要见于黄土台塬面和台塬后缘的山坡，也见于河流的二级阶地沉积物之中；夏家店下层和上层时期的文化遗址分布部位更低，主要分布在河流的二级阶地上，但在黄土台塬面及其后缘的山坡地带，以及一级阶地沉积物之中都有分布。辽代的文化遗址主要分布在河流的一级阶地上，在其他地貌面上也有分布。

3　黄土分布与史前文化的水平迁移

黄土在西拉木伦河以南有广泛的分布，构成黄土台塬、黄土丘陵和黄土阶地等。在西拉木伦河以北，黄土分布面积较少，仅见于查干木伦河上游及林东镇周围地区（见图1）。黄土结构疏松，易于耕作，是进行原始农作的良好场所。本区史前文化主要属农业文化，由于原始农业活动对黄土有很强的依赖性，目前发现的绝大多数遗址均分布在西拉木伦河南北的黄土分布区，其中西拉木伦河以南的黄土发育地区，尤其是老哈河流域，一直是古代先民的主要栖息地。由于黄土覆盖面积的变化以及人类活动对黄土依赖程度的不同，造成不同时期人类文化分布的范围存在明显的差异[1]。

兴隆洼和赵宝沟时期属渔猎、采集和农业并存的早期农业阶段。生产方式的多样性，使得当时人类对黄土的依赖性较小。此外，当时黄土堆积平原上水系刚刚开始发育，侵蚀作用较弱，全区普遍为黄土覆盖。因此，这一时期的文化遗址几乎遍及整个西拉木伦河流域。

红山时期农业有了显著的发展，农耕已成为主要的生产方式。赵宝沟和红山之间发生的河流强烈下切，不但使黄土堆积遭受严重的侵蚀，广阔的黄土平原被肢解为破碎的黄土台塬，黄土分布范围大为减少，也使兴隆洼和赵宝沟时期的文化遗址在一定程度上遭到破坏。由于农业生产有赖于黄土的良好性能，受黄土分布范围缩小的制约，红山时期人类的活动范围远小于兴隆洼和赵宝沟时期，主要集中在西拉木伦河南北的黄土分布区。

小河沿时期虽然仍以农业为主要生产方式，但生产力水平相对于红山时期来讲要落后得多。因此，人类主要选择黄土分布区中水热条件较好的地区活动，如西拉木伦河上游和老哈河上游的山前黄土丘陵和谷地，其分布范围较红山时期明显收缩。

夏家店下层时期属定居农业社会，农业和手工业十分发达，先民对土地质量有更高的要求，以求提高农业产量来养活众多的人口。因此，当时人类的活动范围主要集中在西拉木伦河以南的黄土区，其中尤以老哈河流域遗址最为密集，这里河谷开阔，阶地平展，黄土巨厚，土质肥沃，水热条件较好，是发展旱作农业的最佳场所。

夏家店上层时期属畜牧业经济，畜牧业对黄土的依赖性不如农业，这一时期的文化遗址遍及西拉木伦河南北，不仅分布在黄土区，也见于黄土分布以外的地区。

4 沙地的进退与史前文化的演变

在西拉木伦河流域有广泛的沙地分布，属科尔沁沙地的西南缘。据前人研究[2]，科尔沁沙地形成于晚更新世。在全新世期间，受全球气候波动的影响，科尔沁沙地与我国北方其他沙区一样，有过多次的扩大和缩小，其中发生在全新世大暖期的两次大规模进退对本区史前文化有巨大影响，是促使古代农业兴衰和向畜牧业转化的

---

[1] 刘观民：《西拉木伦河流域不同系统考古学文化分布区域的变迁》，见苏秉琦主编《考古学文化论集（一）》，文物出版社，1987年，第53～54页。

[2] a. 高尚玉、靳鹤龄、陈渭南等：《全新世大暖期的中国沙漠》，见施雅风主编《中国全新世大暖期气候与环境》，中国海洋出版社，1992年，第161～167页。
　　b. 裴善文：《科尔沁沙地的形成与演变的研究》，见裴善文主编《中国东北平原第四纪自然环境形成与演化》，哈尔滨地图出版社，1990年，第185～201页。

重要原因。

科尔沁沙地形成之后的第一次大规模收缩出现在 8000～5000 a B.P.，当时正值大暖期中气候最适宜的时期，本区与我国北方其他沙区一样，广泛发育了一层全新世最厚的古土壤[1]。在林西县西拉木伦河南岸的马家沟营子，这一期古土壤层（黑沙土）厚 0.8 米，^{14}C 年龄为 6380±110 a B.P.，所含孢粉相当丰富，草本占 97.5%，其中蒿属占 89.9%、毛茛科占 1.5%、紫菀类占 1.5%、唐松草占 2.5%、兰刺头属占 1.0%；蕨类为喜湿的中华卷柏，占 4%；木本占 0.5%，主要为松科。这一孢粉组合代表了植被比较繁盛的温干疏林草原环境，由于植被覆盖较好，更新世形成的科尔沁沙地在此期间趋于固定，沙地面积缩小，以兴隆洼、赵宝沟和红山文化为代表的早期农业在西拉木伦河流域兴起。

在白音长汗围沟兴隆洼时期的文化层（7800 a B.P. 前后）中孢粉含量较高，其中草本占 91.3%，有蒿属、藜科、菊科等；蕨类有喜湿的中华卷柏、石松等，占 7.3%；木本占 1.4%，为松属。代表温干的疏林蒿藜草原环境。在敖汉旗小山遗址赵宝沟时期的文化层（7000 a B.P. 前后）中，木本植物花粉明显增多，占 45.5%，有松属、椴属、栎属和蔷薇科；草本占 12%，有蒿属、藜科、禾本科和菊科等；蕨类占 42.5%，有喜湿的中华卷柏、石松等。代表比较温暖湿润的森林草原环境。在巴林左旗大坝、二道梁子、敖汉旗西台等地的红山时期文化层（5500 a B.P.）中，草本一般占 70.9%～88.5%，有蒿属、藜科、禾本科、毛茛科和菊科；蕨类占 10.3%～26%，有喜湿的中华卷柏、石松等；木本占 1.2%～3.1%。代表比较温干的疏林草原环境。文化层的孢粉组合表明，从兴隆洼时期到龙山时期，气候以温暖干燥为主，在适宜的气候条件下，植物生长繁盛，沙地趋于固定，这为原始农业的出现和迅速发展提供了重要的保证。

沙地的第一次扩展出现在 5000～4000 a B.P. 的小河沿时期。在我国北方沙地可以普遍见到上述大暖期中最厚的古土壤层被厚层风成沙覆盖。风沙层中夹有 2～3 层古土壤，是大暖期中最适宜时期结束之后气候逐渐恶化，并具有明显波动的产物[2]。在科尔沁沙地，根据该期风沙层中古土壤夹层的 ^{14}C 年龄分别为 5050±180 a B.P.、4650±120 a B.P. 和 4470±90 a B.P.[3]，推知风沙层的年龄大致在 5000～4000 a B.P.。气候恶化引起的沙地复活和扩大对农田造成破坏，使可耕地减少，农业经济迅速衰

---

[1] 施雅风、孔昭宸、王苏民等：《中国全新世大暖期气候与环境的基本特征》，见施雅风主编《中国全新世大暖期气候与环境》，中国海洋出版社，1992 年，第 1～18 页。

[2] 裘善文、李取生、夏玉梅等：《东北西部沙地古土壤与全新世环境》，见施雅风主编《中国全新世大暖期气候与环境》，中国海洋出版社，1992 年，第 153～160 页。

[3] 董光荣、金炯、高尚玉等：《晚更新世以来我国北方沙漠地区的气候变化》，《第四纪研究》1990 年第 3 期，第 213～222 页。

落，红山文化被小河沿文化所取代。后者不仅在分布范围上远远小于红山文化，而且在文化内涵上也落后于前者，代表着一次文明的退步，土地沙化可能是造成这次文明退步的罪魁祸首。

　　沙地的第二次收缩出现在 4000～3300 a B.P. 的夏家店下层时期。当时正值大暖期中又一个比较适宜的时期，气候暖湿，波动和缓。西拉木伦河流域与我国北方其他沙地一样，发育了全新世大暖期中另一层较厚的古土壤。武吉华在本区翁牛特旗测得该土壤层 ^{14}C 年龄为 4010±85 a B.P. 和 3190±80 a B.P.[1]。老哈河的王祥沟，一级阶地沉积物下部黑淤泥层的 ^{14}C 年龄为 3980±80 a B.P.，其孢粉组合中，草本占 79.7%，其中蒿属占 66.2%、藜占 3.8%、菊科占 4.2%、禾本科占 1.7%、紫菀类占 0.4%、豆科占 1.3%、麻黄占 0.8%、其他占 1.2%；蕨类有卷柏和环纹藻，占 1.3%；木本占 19%，主要为铁木，占 10.1%，此外榛占 6.8%、松科占 1.7%、桦占 0.4%。在敖汉旗喇嘛洞山相当于这一时期的文化层中孢粉含量较高，其中草本占 72.5%，以蒿属和藜为主；木本占 6.7%，有松科、桦属和栎属；蕨类占 20.8%，有中华卷柏和石松。代表较为温湿的森林草原环境。良好的气候有助于植被的恢复和土壤的发育，沙地趋于固定，沙化面积减少，农田扩大，促进了夏家店下层时期农业经济的发展，并达到空前的水平。

　　沙地的第二次扩展出现在 3300～2800 a B.P. 的夏家店上层时期。当时全新世大暖期结束，新冰期来临，气候明显恶化。受全球气候变化影响，我国北方沙地再次复活，在本区可以见到夏家店下层时期形成的古土壤层普遍被风沙层所覆盖。裘善文在科尔沁左翼后旗老爷庙该期风沙层上覆的古土壤中获得 ^{14}C 年龄数据为 2875±120 a B.P.[2]。武吉华在本区林西风沙层上覆的古土壤中获得 ^{14}C 年龄数据为 2950±80 a B.P.[3]。在老哈河王祥沟的一级阶地沉积物中，我们测得风沙层上覆古土壤的 ^{14}C 年龄为 2520±80 a B.P.。根据风沙层上覆古土壤的年龄，推断风沙层堆积的时代在 3300～2800 a B.P. 之间。气候恶化是风沙层形成和发展的主要原因。随着风沙层的发育，沙地面积扩大，农田遭到破坏，农业经济迅速衰落，夏家店下层的农业文化被夏家店上层的畜牧业文化所取代。

[1]　武吉华、郑新生：《中国北方农牧交错带（赤峰市沙区）8000 年来土壤和植被演变初探》，见周廷儒等著《中国北方农牧交错带全新世环境演变及预测》，地质出版社，1992 年，第 55～70 页。

[2]　裘善文：《科尔沁沙地的形成与演变的研究》，见裘善文主编《中国东北平原第四纪自然环境形成与演化》，哈尔滨地图出版社，1990 年，第 185～201 页。

[3]　武吉华、郑新生：《中国北方农牧交错带（赤峰市沙区）8000 年来土壤和植被演变初探》，见周廷儒等著《中国北方农牧交错带全新世环境演变及预测》，地质出版社，1992 年，第 55～70 页。

表 2　科尔沁沙地进退与史前文化演变

沙地进退	时代 / a B.P.	史前考古文化	人类经济活动
第二次扩展	3300 ~ 2800	夏家店上层	畜牧业经济
第二次收缩	4000 ~ 3300	夏家店下层	发达的农业经济
第一次扩展	5000 ~ 4000	小河沿文化	农业经济衰落
第一次收缩	6000 ~ 5000	红山文化	原始农业迅速发展
	8000 ~ 6000	兴隆洼和赵宝沟文化	原始农业出现

5　结论

　　西拉木伦河流域史前文化在空间的分布和时间上的演替，取决于人类自身的进步，也与自然环境有密切的关系。从兴隆洼文化、红山文化到夏家店下层文化，原始农业不断发展和扩大，主要是人类自身进步的结果，也与河流地貌的发育、广泛的黄土堆积以及全新世大暖期适宜的气候环境有关。而红山文化在极盛时期突然中断和夏家店下层发达的农业文化被夏家店上层的畜牧业文化所取代等文化断层事件，则主要应归结于气候的恶化和沙地的扩展。从本区全新世大暖期沙地的进退与气候波动具有明显的同时性来看，气候的变化是沙地大规模活动的主要原因。气候的变化以及由此造成的沙地扩展，对史前人类的生存环境和经济活动造成很大的影响。

　　附记：本文为国家自然科学基金资助项目（49771074，494710691），国家自然科学基金重点资助项目（49831008）成果，原载于《地理学报》2000 年第 3 期。

GIS 在赤峰市西南部环境考古研究中的实践与探索

滕铭予

吉林大学边疆考古研究中心

赤峰地区处于内蒙古高原向松辽平原过渡的斜坡地带，地势西高东低，西部为中山，向东渐变为低山、丘陵，直至平原。西拉木伦河由西向东横跨赤峰地区中部，将赤峰地区分为南北两个区域。其北部为大兴安岭西南麓的中低山丘陵，南部为燕山余脉七老图山北麓，主要地貌亦为山地丘陵，但整体上地势海拔高度较西拉木伦河以北地区为低，东部为科尔沁沙地西缘。这一地区自古以来就是以农业为主的经济类型和以牧业为主的经济类型交错存在的地区，通常都将这一地区称为农牧交错带。目前不论是在环境科学领域，还是在考古学领域，对这一农牧交错带的环境演变过程以及古代人类与环境间关系的研究，都非常引人注目[1]。

20 世纪 90 年代末，内蒙古文物考古研究所、吉林大学边疆考古研究中心和美国匹兹堡大学组成了赤峰中美联合考古队，在赤峰地区开始了赤峰中美联合考古研究项目（The Chifeng International Collaborative Archeological Research Project, 简称 CICARP）的工作，于 1999 ~ 2001 年在赤峰市西南部 765.4 平方千米的范围内进行了区域性考古调查[2]，为进行 CICARP 调查区环境考古研究提供了古代遗址分布的详实基础。

赤峰中美联合考古研究项目调查区域内由东南向西北依次有锡伯河、半支箭河和阴河流过。半支箭河自西南向东北，在赤峰市西南汇入锡伯河，中部偏南有盆甲

---

[1] 参见滕铭予：《赤峰地区环境考古学研究的回顾与展望》，《边疆考古研究·第 3 辑》，科学出版社，2004 年，第 263 ~ 273 页。

[2] a. 赤峰中美联合考古研究项目：《内蒙古东部（赤峰）区域考古调查阶段性报告》，科学出版社，2003 年。

b. 赤峰联合考古调查队：《内蒙古赤峰地区 1999 年区域性考古调查报告》，《考古》2003 年第 5 期，第 24 ~ 34 页。

c. 中美赤峰联合考古队：《内蒙古赤峰地区区域性考古调查阶段性报告（1999 ~ 2001）》，《边疆考古研究·第 1 辑》，科学出版社，2002 年，第 357 ~ 368 页。

山河由西向东汇入半支箭河，西北有西路嘎河由西南向东北汇入阴河。调查区内东部及南部地势较低，除位于半支箭河与锡伯河流域南端的山丘海拔高度为1000米外，多为海拔650～800米、起伏较缓的丘陵，东部最低处海拔可到570米左右。中部半支箭河与西路嘎河间地势较高，多为海拔700～900米的丘陵与低山，有些地方坡势较陡，西部西路嘎河北岸为海拔850～950米的低山，且山势颇陡。西北部的阴河北岸靠近河流处为海拔700～800米的丘陵，坡度较缓，愈北则海拔愈高且坡度愈陡，北端的岱王山一带海拔在1000米左右（图1）。

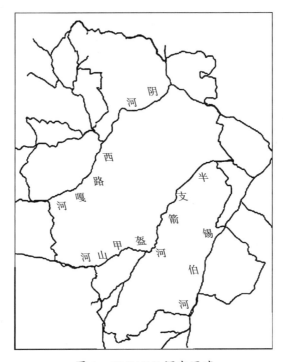

图1　CICARP调查区域

　　在CICARP项目的阶段性报告书中[1]，不仅报道了1999～2001年区域性调查的结果，同时还就区域性调查的方法和理念，现代环境对调查的影响，赤峰地区聚落的演变，以及区域性人口规模的重建等问题进行了较为深入的讨论。本文是运用GIS（Geographic Information System，简称GIS），以CICARP项目1999～2001年调查的结果为基础，对调查区域内的古代遗址与地貌、土壤、地质等不同环境因素之间的关系所进行的环境考古学研究的尝试。

---

[1]　赤峰中美联合考古研究项目：《内蒙古东部（赤峰）区域考古调查阶段性报告》，科学出版社，2003年。

1　基础地图的来源与生成

根据 1：250000 的赤峰市全要素数字化地形图，在抽取赤峰市西南地区等高线的基础上，生成了 CICARP 调查区及其周边地区的数字高程模型 (Digital Elevation Model，简称 DEM)（图 2：1）。

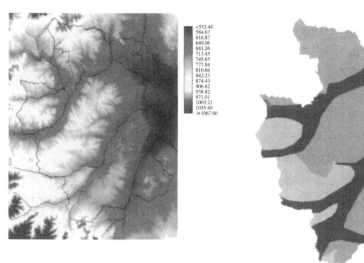

1.CICARP 调查区数字高程模型（DEM）

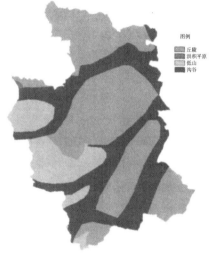

2.CICARP 项目调查区地貌类型

3. CICARP 项目调查区土壤类型

4.CICARP 项目调查区地质类型

图 2　CICARP 项目调查区内环境因素地图

　　根据《内蒙古自治区赤峰市自然条件与草场资源地图》[1]，对其中 1 : 1000000 的地貌类型图和 1 : 1000000 的土壤类型图进行数字化处理，分别生成 CICARP 调查区的地貌类型（图 2 : 2）和土壤类型的数字化地图（图 2 : 3）。

　　根据赤峰市 1 : 100000 的数字化地质图，生成 CICARP 调查区地质类型分布的数字化地图（图 2 : 4）。

　　以上地图提供了进行 CICARP 调查区环境考古研究中的环境因素。

　　中美联合考古研究项目 1999 ~ 2001 年在赤峰市西南部 765.4 平方千米范围内进行的区域性考古调查，共发现属于兴隆洼文化、赵宝沟文化、红山文化、小河沿文化、夏家店下层文化、夏家店上层文化、战国—汉时期以及辽代前后的古代遗址 1069 处，做采集点 2176 个[2]，全部遗址都进行了数字化输入，形成遗址分布的数字化地图，提供了进行 CICARP 调查区环境考古研究的考古资料。

　　本文所有分析均是在上述数字化地图的基础上进行的。

2　环境因素的分类及定义

2.1　地貌类型[3]

　　根据赤峰市地貌类型图，CICARP 调查区内共包括 4 种地貌类型（见图 2 : 2）。

　　丘陵，主要分布在 CICARP 调查区的中部与东部，属燕山北麓山地丘陵区，主要为黄土覆盖的丘陵，海拔高度在 600 ~ 900 米。面积为 397.25 平方千米，占 CICARP 调查区总面积的 51.974%。分布范围大部分与土壤类型中的黄绵土和栗褐土分布范围相对应。

　　洪积平原，仅在西部阴河北岸有小块分布。面积为 1.082 平方千米，占 CICARP 调查区总面积的 0.142%。

　　低山，主要分布在西部半支箭河与西路嘎河间，西路嘎河与阴河间的地带，也是 CICARP 调查区境内最高的地区，海拔多为 950 ~ 1000 米，属燕山北麓山地丘陵区。面积为 113.459 平方千米，占 CICARP 调查区总面积的 14.844%。

　　沟谷，主要分布在 CICARP 调查区全境的河流两岸。面积为 253.621 平方千米，

[1] 内蒙古草场资源遥感应用考察队：《内蒙古自治区赤峰市自然条件与草场资源地图》，科学出版社，2003 年。
[2] 赤峰中美联合考古研究项目：《内蒙古东部（赤峰）区域考古调查阶段性报告》，科学出版社，2003 年，第 26 ~ 38 页。
[3] 本节的论述请参见赤峰市地方志编纂委员会编《赤峰市志（上）》，内蒙古人民出版社，1996 年，第 383 ~ 397 页。

占 CICARP 调查区总面积的 33.182%。在不同的区域，沟谷与不同的地貌类型相依存。在调查区东部沟谷两侧多为丘陵，在西部沟谷两侧多为低山。沟谷的分布区域基本与土壤类型中的潮土分布范围相对应。

2.2 土壤类型[1]

根据赤峰市土壤类型图，CICARP 调查区内共有 5 种土壤类型（见图 2：3）。

潮土，主要分布在河流沿岸的低谷地带，成条状分布。面积为 195.852 平方千米，占 CICARP 调查区总面积的 25.588%。潮土是发育在河流沉积物上，受地下水影响，经过人类耕种熟化而成的土壤，也称为冲积土。潮土地带一般地势平坦，距水源近，有较丰富的养分，适宜农业，但易受旱涝灾害和盐碱化的影响。

黄绵土，主要分布在阴河以北，以及西路嘎河南岸，还有锡伯河以东。面积为 252.524 平方千米，占 CICARP 调查区总面积的 32.992%。黄绵土是在黄土母质上经直接耕种形成的初育土，广泛分布于黄土高原上水土流失较为严重的地区。黄绵土土层深厚，疏松绵软，适宜农业生产，但土壤肥力较低。

棕壤性土，仅在调查区西南端半支箭河两条小支流间有小块分布。面积为 1.53 平方千米，占 CICARP 调查区总面积的 0.2%。棕壤性土是在温带森林植被下发育出的山地土壤，分布在较平坦地区者亦适宜农业生产。

栗褐土，主要分布在锡伯河和半支箭河之间，以及半支箭河与阴河间的东南部，还有西路嘎河北岸的部分地带。面积为 308.335 平方千米，占 CICARP 调查区总面积的 40.284%。栗褐土是在较干旱地区的森林草原或草原条件下发育的土壤，是山地森林土壤向草原土壤的过渡类型，土层较厚，较适宜农业生产。

粗骨土，仅在西南端低山地带有小块分布。面积为 7.169 平方千米，占 CICARP 调查区总面积的 0.937%。粗骨土一般分布于没有森林覆被的山地，有机质含量很少，肥力水平低。

2.3 地质类型

根据赤峰市地质图，CICARP 调查区境内共有 4 种地质类型（见图 2：4）。

更新统冲积层和黄土层，含软泥、黄土等，适宜农业。主要分布在 CICARP 调查区东部和南半部。分布在锡伯河和半支箭河之间，以及半支箭河西北侧者，大部分与土壤类型中的栗褐土分布范围重合；分布在锡伯河东南岸和阴河北岸者，多与土壤类型中的黄绵土分布范围重合。面积为 280.306 平方千米，占 CICARP 调查区总面积的 36.622%。

---

[1] 参见赤峰市地方志编纂委员会编《赤峰市志（上）》，内蒙古人民出版社，1996 年，第 419～427 页。

全新统的洪冲积层，多含砂砾石和砂，不适宜农业。主要分布在河流两侧。面积为 162.081 平方千米，占 CICARP 调查区总面积的 21.176%。

分布有露头的岩石资源，岩石种类以适合制作石器的火山岩、变质岩、闪长岩等为主。主要分布在调查区的西半部。面积为 238.532 平方千米，占 CICARP 调查区总面积的 31.164%。

分布有露头的岩石资源，岩石种类以不适合制作石器的沉积岩、花岗岩等为主。主要分布在 CICARP 调查区的北部，与前述适合制作石器的岩石资源存在着交错分布的现象。面积为 84.484 平方千米，占 CICARP 调查区总面积的 11.038%。

3　汉以前考古学文化遗址的分布与环境因素间关系的定量分析

目前已经能够确认 CICARP 调查区内汉以前考古学文化的年代序列，分别是兴隆洼文化，赵宝沟文化，红山文化，小河沿文化，夏家店下层文化，夏家店上层文化，以及战国—汉时期（图 3）。

笔者对不同环境因素中不同环境类型的面积、该类型面积在 CICARP 调查区总面积中所占的比例，不同考古学文化遗址在不同类型中分布的面积及其在该考古学文化遗址总面积中所占的比例，以及该考古学文化遗址在不同类型中分布的面积与该类型面积之比都进行了统计。下文的图表数据均来自于以上的统计。需要说明的是，由于不同的考古学文化遗址面积相差甚大，若将各考古学文化分布面积作为不同环境类型中的遗址面积直接进行比较，会因数据差过大使图表中的数据曲线出现不均衡的现象。因此下文选用不同考古学文化遗址分布于不同环境类型中的面积在该考古文化遗址总面积中所占的比例作为比较的数据基础，以了解不同考古学文化遗址在不同环境类型中分布的比例上的差别，亦能体现出它们在选择聚落地点时是否具有倾向性。此外，由于不同的环境类型在面积上亦有较大的差别，所以下文选用了各考古学文化遗址在不同环境类型中分布的面积与该环境类型面积的比例，以此审视不同的考古学文化是否存在对某一种环境类型的特殊偏好。

通过对不同时期考古学文化遗址分布及其与不同环境类型间的关系进行定量分析，为讨论不同时期考古学文化遗址与环境的关系提供了基础。

3.1　兴隆洼文化

在 CICARP 调查区内已发现的兴隆洼文化遗址共有 14 处，总面积为 0.1684 平方千米。

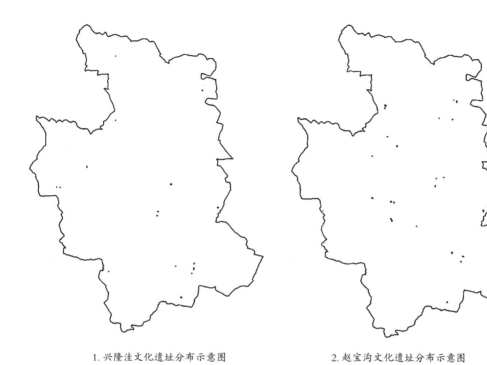

1. 兴隆洼文化遗址分布示意图　　　　　　　2. 赵宝沟文化遗址分布示意图

3. 红山文化遗址分布示意图　　　　　　　4. 小河沿文化遗址分布示意图

图 3A　CICARP 项目调查区各考古学文化遗址分布示意图（一）

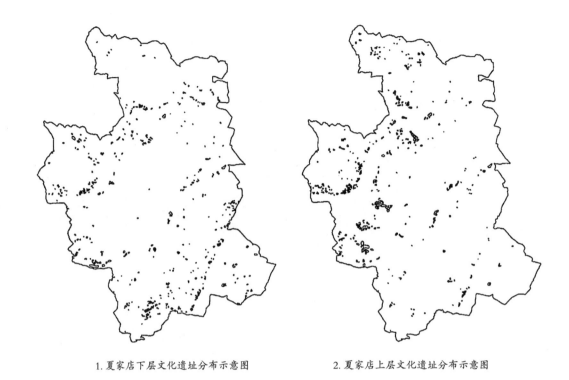

1.夏家店下层文化遗址分布示意图　　　　2.夏家店上层文化遗址分布示意图

3.战国汉时期遗址分布示意图

图 3B　CICARP 项目调查区各考古学文化遗址分布示意图（二）

兴隆洼文化遗址大多分布在锡伯河 、半支箭河、西路嘎河和阴河西北岸海拔600～750 米的丘陵坡地，仅有个别遗址分布在远离河道的地点（图 4：1）。

兴隆洼文化遗址在不同地貌类型中的分布见图 4：2，各种统计数据的图表见图表 1：1、2。从图表 1：1 可以看出，兴隆洼文化遗址在沟谷中的分布面积所占比例为最高峰值，达到 74.05%，远远高出沟谷在 CICARP 调查区总面积中所占的比例；分布在丘陵中的遗址面积占 17.399%，大大低于丘陵在 CICARP 调查区总面积中所占的比例；还有 8.551% 的遗址分布在低山，亦低于低山在 CICARP 调查区总面积中所占的比例。若同时观察图表 1：1 中各类型面积在 CICARP 调查区总面积

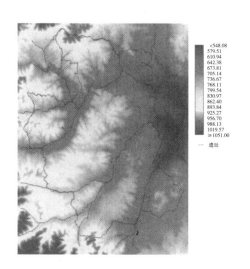

1. 兴隆洼文化遗址分布图（DEM）

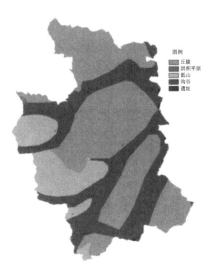

2. 兴隆洼文化遗址分布图（地貌类型）

3. 兴隆洼文化遗址分布图（土壤类型）

4. 兴隆洼文化遗址分布图（地质类型）

图 4　兴隆洼文化遗址在不同环境因素中的分布

中所占比例的另一条曲线，可以看出丘陵在 CICARP 调查区总面积中所占的比例为最高峰值，近 52%，而沟谷只占调查区全部面积的 33.182%，这与兴隆洼文化分布在沟谷和丘陵中的遗址面积所占比例相反。这些数据表明兴隆洼文化的居民在选择居址时对河流两侧的沟谷地带有非常强烈的倾向性。图表 1：2 的曲线与图表 1：1 的曲线相近，亦是沟谷占据了远远高出于其他类型的最高峰值，只是低山稍高于丘陵。结合图 4：2，可以看出分布在低山的遗址分别在盔甲山河与半支箭河汇合处的三角地带，以及西路嘎河与阴河汇合的三角地带。这些现象表明兴隆洼文化的居民在选择聚落址时首选地点是河流两侧的沟谷，以及比较靠近河流资源的地点。

兴隆洼文化遗址在不同土壤类型中的分布见图 4：3，各种统计数据见图表 1：3、4。由于图表 1：3 和图表 1：4 中两条曲线表现出基本一致的趋势，因此仅分析图表 1：3 的曲线即可说明兴隆洼文化遗址在不同土壤类型中分布的关系。从兴隆洼文

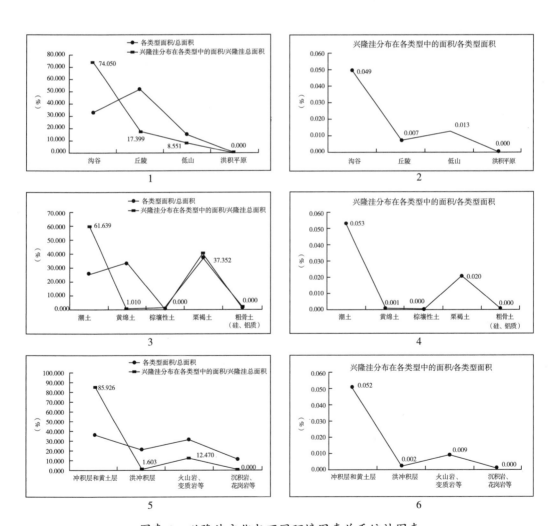

图表 1 兴隆洼文化与不同环境因素关系统计图表

化遗址在不同土壤类型中的分布面积在该文化遗址总面积中所占的比例来看（图表 1：3），潮土处于第一峰值的位置，占 61.639%，远远高于潮土在 CICARP 调查区总面积中所占的比例；占据第二峰值的是栗褐土，达到 37.352%，与栗褐土在 CICARP 调查区总面积中所占的比例相当；此外还有 1.01% 的黄绵土，远远低于黄绵土在 CICARP 调查区总面积中所占的比例。潮土均分布在河流两侧，地势平坦，经过人类的耕作后熟化，在降水量适中的情况下特别适宜农业生产。潮土在 CICARP 调查区内的分布比例为 25.588%，而兴隆洼文化遗址在潮土中的分布超过了 60%，由于当时的潮土地带还未曾经历过人类长时间的耕作，因此兴隆洼文化的居民对潮土地带的偏爱，应该与这些地方靠近水源相关。这种分布也与兴隆洼文化遗址大多分布在沟谷地带相对应。栗褐土主要分布在丘陵地带，从图 4：3 中可以看出，兴隆洼文化分布在栗褐土中的遗址多为靠近锡伯河西北岸和西路嘎河西北岸的地点，大多靠近潮土带的边缘。

兴隆洼文化遗址在不同地质类型中的分布见图 4：4，在不同地质类型中分布的各种统计数据见图表 1：5、6。由于两条曲线表现出基本相同的趋势，因此仅分析图表 1：5 即可了解兴隆洼文化遗址的分布与地质类型的关系。从图表 1：5 可以看出，兴隆洼文化分布在适宜农业生产的更新统冲积层和黄土层地带的面积比例最高，达到 85.926%，远远高出该地质类型在 CICARP 调查区总面积中所占的比例。分布在全新统洪冲积层的面积仅占 1.603%，明显低于该地质类型在 CICARP 调查区总面积中所占的比例。由于全新统洪冲积层多紧靠河流两岸，其形成年代亦稍晚，容易受到河流的冲刷，在这一类地质类型中较少见到兴隆洼文化遗址，原因亦可能与此有关。还有 12.47% 的遗址分布在有适宜制作石器的岩石资源地区，明显低于该类型在调查区总面积中的比例，在同样存在着岩石资源但并不适合制造石器的地区则没有遗址分布。从兴隆洼文化遗址分布的整体情况看，其首选是两河流域间适宜农业生产的地带，同时对那些存在可以制作石器的岩石资源的地区也有一定的考虑。

3.2 赵宝沟文化

在 CICARP 调查区内已发现的赵宝沟文化遗址共有 29 处，总面积为 0.369 平方千米。

赵宝沟文化遗址大部分分布在锡伯河、半支箭河和阴河西北岸以及锡伯河的东南岸和阴河南岸海拔 600~700 米的低平地带，还有少量的遗址分布在半支箭河和西路嘎河、阴河之间海拔 750~850 米的山地丘陵中。赵宝沟文化遗址分布的范围较兴隆洼文化遗址有所扩大（图 5：1）。

赵宝沟文化遗址在不同地貌类型中的分布见图 5：2，各种统计数据的图表见

图表 2：1、2。从图表 2：1 的曲线可以看出，赵宝沟文化在丘陵中的分布面积所占比例是最高峰值所在，达到 56.775%，稍高于丘陵在 CICARP 调查区总面积中所占的比例；第二个峰值出现在沟谷，占 32.791%，与沟谷在 CICARP 调查区总面积中所占的比例相当；其余 10.434% 分布在低山，也稍低于低山在 CICARP 调查区总面积中所占的比例。与兴隆洼文化相比，赵宝沟文化的遗址同样以分布在丘陵和沟谷的为绝大部分，但其分布在丘陵和沟谷中的遗址面积的比例恰好与前者相反，这似乎说明赵宝沟文化的居民在选址时对那些海拔相对较高的丘陵地带表现出很强

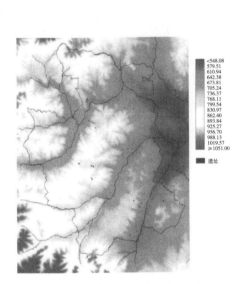

1. 赵宝沟文化遗址分布图（DEM）

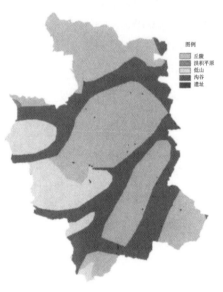

2. 赵宝沟文化遗址分布图（地貌类型）

3. 赵宝沟文化遗址分布图（土壤类型）

4. 赵宝沟文化遗址分布图（地质类型）

图 5　赵宝沟文化遗址在不同环境因素中的分布

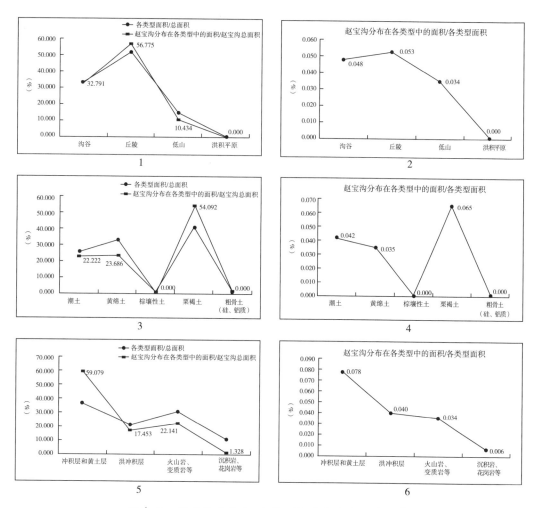

图表 2　赵宝沟文化与不同环境因素关系统计图表

的偏好。图表 2：2 的曲线整体趋势与图表 2：1 相近，只是低山所占比例较高，这也从另一角度说明赵宝沟文化对于海拔相对较高的地带具有一定的倾向性。

赵宝沟文化遗址在不同土壤类型中的分布见图 5：3，各种统计数据见图表 2：3、4。从赵宝沟文化遗址在不同土壤类型中的分布面积在该文化遗址总面积中所占的比例看（图表 2：3），栗褐土处于第一峰值的位置，达到 54.092%，明显高于栗褐土在 CICARP 调查区总面积中所占的比例；分布在黄绵土中的遗址面积比例为 23.686%，稍低于黄绵土在 CICARP 调查区总面积中所占的比例；分布在潮土中的面积所占比例为 22.222%，明显低于潮土在 CICARP 调查区总面积中所占的比例。从赵宝沟文化遗址在不同土壤类型中的分布面积及其与该种土壤类型面积的比例来看（图表 2：4），栗褐土亦占据了最高峰值的位置，并且远远超出其他类型的土壤；潮土与黄绵土的状况与图表 2：1 的曲线稍有区别，即潮土稍高于黄绵土。栗褐土和黄绵土均为分布在丘陵山地的土壤类型，赵宝沟文化遗址在这两种土壤类型中的分布近 80%，应该与其多分布在丘陵地带有关，但同时也对分布在河流两侧低谷地带的潮土保留着一定的兴趣。

赵宝沟文化遗址在不同地质类型中的分布见图 5：4，在不同地质类型中分布的各种统计数据见图表 2：5、6。从图表 2：5 可以看出，赵宝沟文化遗址分布在适宜农业生产的更新统冲积层和黄土层地带的面积比例最高，达到 59.079%，远远高出该类型在 CICARP 调查区总面积中所占的比例；分布在有适宜制作石器的岩石资源地区的遗址面积比例次之，为 22.141%；分布在全新统的洪冲积层的遗址面积所占比例为 17.453%；此外还有 1.328% 的遗址分布在有不适宜制作石器的岩石资源地区，后三项都低于同地质类型在 CICARP 调查区总面积中所占的比例。图表 2：6 的曲线趋势与图表 2：5 相近，只是在全新统洪冲积层和存在着适合制作石器的岩石资源地区两项上稍有差别。从赵宝沟文化遗址在地质类型中分布的整体情况可以看出，赵宝沟文化的居民在选择聚落址时虽然对海拔较高的地带具有一定的倾向性，但也关注着那些更适宜进行农业生产的地带，并且对存在可以制作石器的岩石资源的地区表现出比兴隆洼文化更多的选择。

3.3　红山文化

在 CICARP 调查区内已发现的红山文化遗址共有 160 处，总面积为 2.1528 平方千米。

红山文化遗址在锡伯河西北岸、半支箭河西北岸、西路嘎河西北岸、阴河北岸海拔 600~700 米的阶地上都有较为集中的分布，而在上述河流的东南岸仅发现少量遗址。在调查区东南角锡伯河东南海拔 700~750 米的丘陵地带，调查区西南端锡伯河和半支箭河间海拔 750~900 米的丘陵山地，调查区西部盔甲山河与西路嘎河之间、西路嘎河与阴河之间海拔 800 米左右的丘陵山地，也分布有一定数量的遗址。此外在调查区北端远离阴河北岸、海拔 900 米的山地中也有个别的遗址（图 6：1）。

红山文化遗址在不同地貌类型中的分布见图 6：2，各种统计数据的图表见图表 3：1、2。从图表 3：1 的曲线可以看出，红山文化遗址在沟谷中分布的面积比例为最高峰值，达到 45.536%，高出该类型面积在 CICARP 调查区总面积中所占的比例；分布于丘陵中的遗址面积稍低于沟谷，占 41.072%，低于该类型面积在 CICARP 调查区总面积中所占的比例；另有 13.392% 的遗址分布在低山中，与该类型面积在 CICARP 调查区总面积所占的比例相当。如果将分布在丘陵和低山中的遗址面积相加，其比例超过了 50%。在图表 3：2 的曲线中，沟谷仍然占据着第一的峰值，但低山居于第二的峰值，稍高出丘陵的比例。和赵宝沟文化相比，红山文化分布在沟谷的遗址面积所占比例增加，且明显高出沟谷在调查区总面积中所占的比

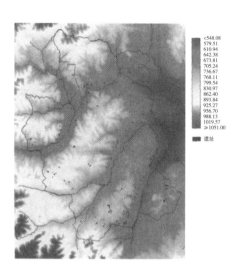

1. 红山文化遗址分布图（DEM）

2. 红山文化遗址分布图（地貌类型）

3. 红山文化遗址分布图（土壤类型）

4. 红山文化遗址分布图（地质类型）

图 6　红山文化遗址在不同环境因素中的分布

例；分布在丘陵中的遗址面积比例下降，而分布在低山中的遗址面积有所增加。表明红山文化的居民在选择聚落时，对分布在河流两岸或河流之间的低平谷地具有很强的倾向性，同时也增加了在低山地带的分布。值得注意的是，分布在调查区西南角低山中的遗址，分布在西路嘎河与阴河间低山中的遗址，以及分布在调查区最北端低山中的遗址，不仅距离河流较远，而且都与周围的遗址相距较远，与其他遗址多成群分布的情况形成对比。红山文化居民对这些地点的选择，很可能是出于与一般居住遗址不同的其他考虑。

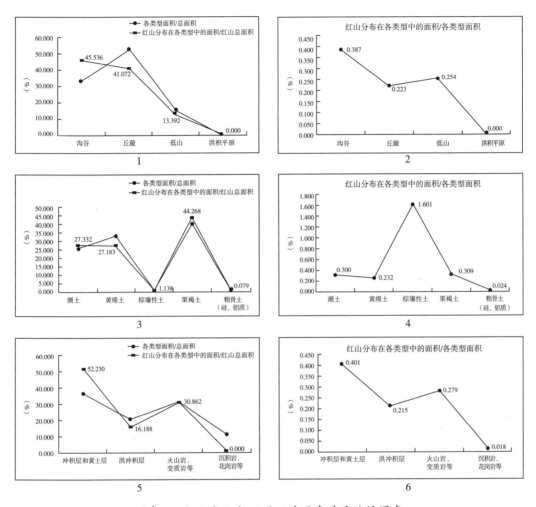

图表3　红山文化与不同环境因素关系统计图表

红山文化遗址在不同土壤类型中的分布见图6：3，各种统计数据见图表3：3、4。从红山文化遗址在不同土壤类型中的分布面积在该文化遗址总面积中所占的比例看（图表3：3），栗褐土处于最高峰值的位置，达到44.268%，稍高于栗褐土在调查区总面积中所占的比例；位于第二峰值的是潮土，比例为27.332%，稍高于潮土在调查区总面积中所占的比例。分布在黄绵土中的遗址面积比例为27.183%，低于黄绵土在调查区总面积中所占的比例；此外还有1.138%的遗址分布在棕壤性土中，0.079%的遗址分布在粗骨土中。从红山文化遗址在不同土壤类型中的分布面积与该种土壤类型面积的比例来看（图表3：4），棕壤性土占据了绝对的峰值，其次是栗褐土、黄绵土和粗骨土。棕壤性土仅在半支箭河上游两条支流间有小块分布，对于倾向选择靠近河流地点的红山文化居民来说，这里亦是较为理想的地点。栗褐土、潮土和黄绵土之间的关系与图表3：3所示相同，亦为栗褐土最高，潮土次之，黄绵土居第三位。这似乎与红山文化分布在沟谷中的遗址占多数不相符，若将图6：

2 与图 6：3 进行比较，就会发现在大部分地区沟谷的分布与潮土的分布相重合，但潮土的分布范围要小于沟谷。在锡伯河的西北岸、半支箭河的西北岸、西路嘎河的北岸，都可以看到靠近潮土边缘分布在栗褐土中的遗址，这与红山文化遗址大多分布在与河流稍有一段距离的阶地上有关。

红山文化遗址在不同地质类型中的分布见图 6：4，在不同地质类型中分布的各种统计数据见图表 3：5、6。由于图表 3：5 和图表 3：6 两条曲线表现出基本相同的趋势，因此仅分析图表 3：5 即可了解红山文化遗址的分布与地质类型的关系。从图表 3：5 可以看出，红山文化遗址分布在适宜农业生产的更新统冲积层和黄土层地带的面积比例为最高峰值，达到了 52.23%，明显高于该类型在调查区总面积中所占的比例；分布在有适宜制作石器的岩石资源地区的遗址面积比例为 30.862%，与该类型在调查区总面积中所占的比例相当；分布在全新统洪冲积层的遗址面积比例为 16.188%，分布于有不适宜制作石器的岩石资源地区的遗址面积比例为 0.720%，都低于同地质类型在调查区总面积中所占比例。更新统冲积层和黄土层分布在距离河流稍有一段距离的地方，而全新统洪冲积层主要是位于半支箭河、西路嘎河和阴河两岸，在锡伯河中游亦有分布，存在适合制造石器的岩石资源的地带则分布在调查区全境。这种分布状况说明红山文化居民在选择聚落址时，首先倾向于那些具备农业生产条件的地点，同时也考虑到与水资源的距离，以及是否有合适的岩石资源。

3.4 小河沿文化

在 CICARP 调查区内已发现的小河沿文化遗址共有 36 处，总面积为 0.4183 平方千米。

小河沿文化遗址的数量远远少于红山文化，在 CICARP 调查区内的锡伯河、半支箭河和阴河两侧海拔 600～650 米的低平谷地都有分布。在锡伯河和半支箭河之间、半支箭河和阴河之间海拔 700～850 米的丘陵地带，以及阴河北岸远离河道海拔近 900 米的丘陵地带中也有少量的分布（图 7：1）。

小河沿文化遗址在不同地貌类型中的分布见图 7：2，各种统计数据见图表 4：1、2。由于图表 4：1 和图表 4：2 两条曲线呈现出相同的趋势，因此仅分析图表 4：1 即可了解小河沿文化遗址分布与地貌之间的关系。从图表 4：1 的曲线可以看出，小河沿文化遗址在丘陵中分布的面积比例为最高峰值，达到 68.898%，远远高出该类型面积在 CICARP 调查区总面积中所占的比例；分布于沟谷中的面积为 23.978%，低于该类型面积在 CICARP 调查区总面积中所占的比例；还有 7.124% 的遗址分布在低山，也低于该类型面积在 CICARP 调查区总面积中所占的比例。从上述数据可以看出，调查区内小河沿文化的遗址虽然在几条主要河流都有发现，但并

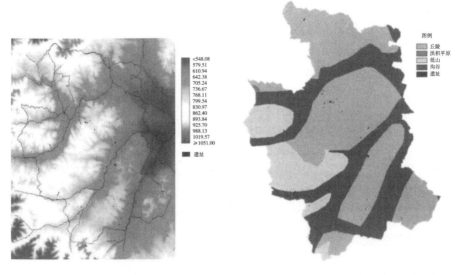

1. 小河沿文化遗址分布图（DEM）　　　2. 小河沿文化遗址分布图（地貌类型）

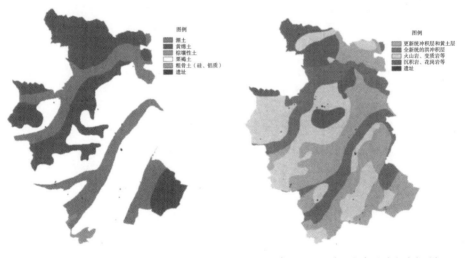

3. 小河沿文化遗址分布图（土壤类型）　　4. 小河沿文化遗址分布图（地质类型）

图 7　小河沿文化遗址在不同环境因素中的分布

没有集中分布在距离河道较近的沟谷地带，而是大多分布在距离河道稍远的丘陵中，这似乎表明距离河道的远近并非小河沿文化的居民选择居住址时首要考虑的因素。

　　小河沿文化遗址在不同土壤类型中的分布见图 7：3，各种统计数据见图表 4：3、4。由于图表 4：3 和图表 4：4 两条曲线呈现出相同的趋势，因此仅分析图表 4：3 即可了解小河沿文化遗址分布与土壤类型之间的关系。从小河沿文化遗址在不同土壤类型中的分布面积在该文化遗址总面积中所占的比例看（图表 4：3），

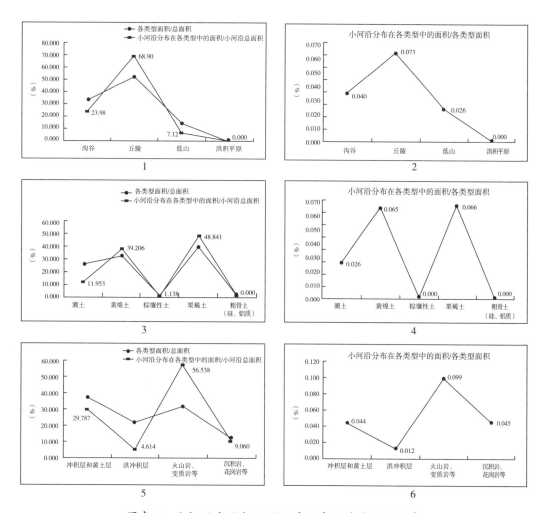

图表 4　小河沿文化与不同环境因素间关系统计图表

栗褐土处于最高峰值的位置，达到 48.841%，高于栗褐土在 CICARP 调查区总面积中所占的比例；位于第二峰值的是黄绵土，比例为 39.206%，亦高于黄绵土在 CICARP 调查区总面积中所占的比例；分布在潮土中的遗址面积比例为 11.953%，低于潮土在 CICARP 调查区总面积中所占的比例。潮土主要分布在河道两旁，而栗褐土和黄绵土主要分布在离河道较远的地带。从以上数据可以看出，小河沿文化遗址分布在栗褐土和黄绵土中的遗址面积合计达到 88.047%，占据了绝大多数，这也与小河沿文化遗址在地貌类型中主要分布在丘陵地带相对应。

　　小河沿文化遗址在不同地质类型中的分布见图 7：4，在不同地质类型中分布的各种统计数据见图表 4：5、6。由于图表 4：5 和图表 4：6 两条曲线呈现出相同的趋势，因此仅分析图表 4：5 即可了解小河沿文化遗址分布与地质类型之间的关系。从图表 4：5 可以看出，小河沿文化分布在适宜农业生产的更新统冲积层和黄土层地带的面积比例为 29.787%，低于该类型在 CICARP 调查区总面积中的比例；分布在全新统洪冲积层的遗址面积比例为 4.614%，明显低于该类型在 CICARP 调查区总面积中的比例；分布在有适宜制作石器的岩石资源地区的遗址面积比例为最高峰值，达到 56.538%，远远超出了该类型在 CICARP 调查区总面积中的比例；分布在有不适宜制作石器的岩石资源地区的遗址面积比例为 9.06%，稍低于该类型在 CICARP 调查区总面积中的比例。小河沿文化分布在存在岩石资源地区的遗址面积合计占比为 65.598%，约占总面积的三分之二。在调查区的北部，存在岩石资源的地带较为集中的分布在西路嘎河和阴河的两侧，在半支箭河和锡伯河之间与更新统冲积层和黄土层地带交错分布。小河沿文化遗址在具有岩石资源地带中的分布，尤其是在具有可以制作石器的岩石资源地带超过半数以上的分布比例，表明小河沿文化的居民对存在可以制作石器的岩石资源的地区表现出很强的兴趣。

3.5　夏家店下层文化

在 CICARP 调查区内发现的夏家店下层文化遗址数量最多，共有 379 处，总面积为 8.1479 平方千米。

从图 8：1 可以看出，夏家店下层文化遗址在调查区内的锡伯河、半支箭河、西路嘎河和阴河两岸海拔 600～700 米的谷地及河边台地上都有非常密集的分布，同时在锡伯河东南岸海拔 750 米左右的丘陵地带、锡伯河和半支箭河之间海拔 780～900 米的丘陵地带、盔甲山河和西路嘎河之间海拔 800～900 米的低山地带，以及阴河以北远离河道海拔在 900～950 米的丘陵山地中也发现有较多的夏家店下层文化遗址。值得注意的是，同样是在两条河流之间，夏家店下层文化遗址在半支箭河和锡伯河之间的丘陵山地有非常密集的分布，而在半支箭河和阴河间的丘陵山地中却较少见到（图 8：1）。

夏家店下层文化遗址在不同地貌类型中的分布见图 8：2，各种统计数据见图表 5：1、2。从图表 5：1 的曲线可以看出，夏家店下层文化遗址在沟谷中分布的面积比例为最高峰值，达到 61.386%，远远高出该类型面积在调查区总面积中所占的比例；分布于丘陵中的面积位于第二位的峰值，为 31.412%，明显低于该类型面积在调查区总面积中所占的比例；此外还有 7.202% 的遗址分布在低山，低于低山面积在调查区总面积中所占的比例。在图表 5：2 的曲线中，沟谷占据了最高的峰值，以下依次为丘陵和低山，就整体趋势看与图表 5：1 曲线相同，但丘陵与低山的值落差很小。表明分布在低山中的夏家店下层文化遗址面积与低山类型在整个调查区内的面积相比，还是占有较大的比例。

夏家店下层文化遗址在不同土壤类型中的分布见图 8：3，各种统计数据见图表 5：3、4。从夏家店下层文化遗址在不同土壤类型中的分布面积在该文化遗址

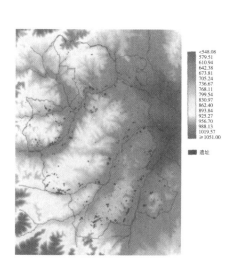

1. 夏家店下层文化遗址分布图（DEM）

2. 夏家店下层文化遗址分布图（地貌类型）

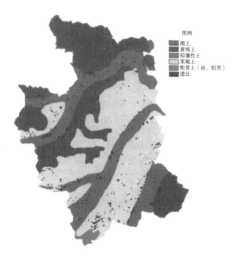

3. 夏家店下层文化遗址分布图（土壤类型）

4. 夏家店下层文化遗址分布图（地质类型）

图 8　夏家店下层文化遗址在不同环境因素中的分布

总面积中所占的比例看（图表 5：3），潮土处于最高峰值的位置，达到 43.447%，明显高于潮土在调查区总面积中所占的比例；位于第二峰值的是栗褐土，比例为 36.636%，稍低于栗褐土在调查区总面积中所占的比例；分布在黄绵土中的遗址面积比例为 18.745%，低于黄绵土在调查区总面积中所占的比例；余下还有不到 1% 的遗址面积分布在棕壤性土和粗骨土中。图表 5：4 的曲线中需要引起注意的是棕壤性土的比例占据了最高的峰值，此前的红山文化亦出现过同样的现象，原因亦相同：棕壤性土在调查区内仅在半支箭河上游两条支流间的低山地带有小块的分布，而这里恰恰是夏家店下层文化遗址分布较为密集的地方，因此会出现分布在棕壤性土中的遗址面积与棕壤性土壤面积的比例非常高的现象。余者以潮土的比例最高，从图8：3可看出，这与夏家店下层文化遗址在河流两岸有非常密集的分布，且其中还有很多大型遗址有关。分布在栗褐土中的遗址主要是在锡伯河和半支箭河之间的丘陵地带，其密集程度也是在此前的文化中所没有见到的。

夏家店下层文化遗址在不同地质类型中的分布见图8：4，在不同地质类型中分布的各种统计数据见图表5：5、6。从图表5：5可以看出，夏家店下层文化遗址分布在适宜农业生产的更新统冲积层和黄土层地带的面积比例为37.569%，稍高于该类型在调查区总面积中的比例；分布在全新统的洪冲积层的遗址面积比例为22.783%，亦稍低于该类型在调查区总面积中的比例；分布在有适宜制作石器的岩石资源地区的遗址面积比例为34.146%，明显高于该类型在调查区总面积中的比例；分布在有不适宜制作石器的岩石资源地区的遗址面积比例仅为2.502%，远远低于

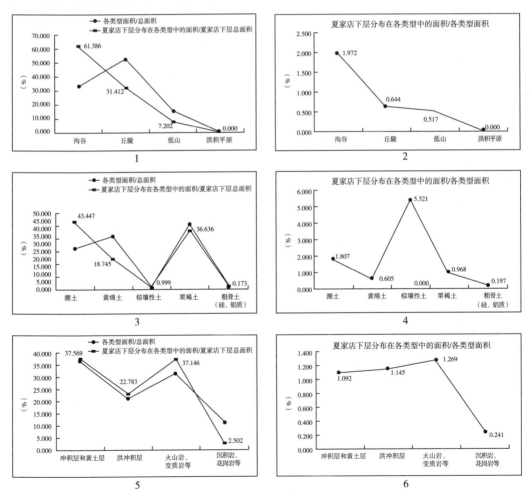

图表5　夏家店下层文化与不同环境因素统计图表

该类型在调查区总面积中的比例。将图表 5：6 的曲线与图表 5：5 进行比较，可以发现分布在有适宜制作石器的岩石资源地区的遗址面积所占比例为最高，分布在有不适宜制作石器的岩石资源地区的遗址面积所占比例最低，分布在适宜农业生产的更新统冲积层和黄土层地带以及不适宜农业生产的全新统洪冲积层的遗址面积所占比例相当。这些数据表明，夏家店下层文化的居民在重视具备适宜农业生产条件地区的同时，对存在可以制作石器的岩石资源的地区也表现出很强的倾向性。

3.6 夏家店上层文化

在 CICARP 调查区内已发现的夏家店上层文化遗址共有 348 处，总面积为 10.143 平方千米。

夏家店上层文化遗址在调查区内的锡伯河、半支箭河、西路嘎河和阴河等河流两岸海拔 600～700 米的谷地和台地都有分布，其中以在西路嘎河和阴河流域的分布最为密集。和夏家店下层文化相比，夏家店上层文化遗址在锡伯河和半支箭河之间丘陵山地间的分布较为疏散，但在较少有夏家店下层文化遗址分布的半支箭河和西路嘎河之间的海拔 850～900 米的丘陵山地上有大量密集的分布。此外在西路嘎河北岸，尤其是阴河北岸海拔 900～950 米的丘陵山地中也有密集的分布（图 9：1）。

夏家店上层文化遗址在不同地貌类型中的分布见图 9：2，各种统计数据见图表 6：1、2。从图表 6：1 的曲线可以看出，夏家店上层文化遗址分布在丘陵中的面积比例为最高峰值，达到 42.936%；分布于沟谷中的面积位于第二位的峰值，占 30.95%；二者都低于同类型面积在调查区总面积中所占的比例。而分布在低山中的遗址面积所占比例达到 26.114%，明显高出该类型面积在调查区总面积中所占的比例。从图表 6：2 的曲线可以看到，沟谷和丘陵的关系与图表 6：1 不同，沟谷的值稍高于丘陵。低山的情况值得注意，从图表 6：2 的曲线可以看出，在低山地带分布的夏家店上层文化遗址面积占低山类型面积的比例处于最高的峰值。结合图表 6：1 可知，夏家店上层文化遗址在低山中的分布无论以哪一种计算方式都达到此前所有文化未曾有过的高度。从图 9：2 也可看出，夏家店上层文化遗址在盔甲山河和西路嘎河之间，以及西路嘎河和阴河之间的低山地带有着非常密集的分布。这些低山地区海拔在 850～950 米，部分达到 1000 米，坡度较陡，远离河流。出现在低山类型中的夏家店上层文化遗址显然不是出于生活或居住的考虑。

夏家店上层文化遗址在不同土壤类型中的分布见图 9：3，各种统计数据见图表 6：3、4。从夏家店上层文化遗址在不同土壤类型中的分布面积在该文化遗址总面积中所占的比例看（图表 6：3），栗褐土处于最高峰值的位置，达到 38.111%；位于第二峰值的是黄绵土，比例为 35.105%；分布在潮土中的遗址面

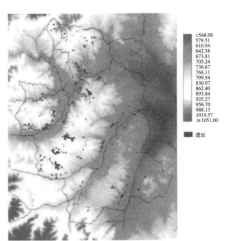

1. 夏家店上层文化遗址分布图（DEM）   2. 夏家店上层文化遗址分布图（地貌类型）

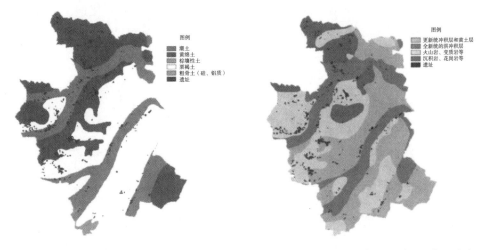

3. 夏家店上层文化遗址分布图（土壤类型）   4. 夏家店上层文化遗址分布图（地质类型）

图9　夏家店上层文化遗址在不同环境因素中的分布

积比例为 26.34%；还有不到 1% 的遗址分布在棕壤性土和粗骨土中。夏家店上层文化遗址在以上几种土壤类型中分布的面积比例，都与同类型土壤在调查区总面积中所占的比例相近。从夏家店上层文化遗址在不同土壤类型中的分布面积与该种土壤类型面积的比例看（图表 6∶4），棕壤性土占据了最高峰值，余下的依次为黄绵土、潮土和栗褐土，但比例相差不大，而粗骨土的值非常低。在棕壤性土这种原本面积就很少的土壤类型中分布有遗址的情况，在红山文化和夏家店下层文化时即已存在，不过其比例值高出的幅度明显超出夏家店上层文化。余者

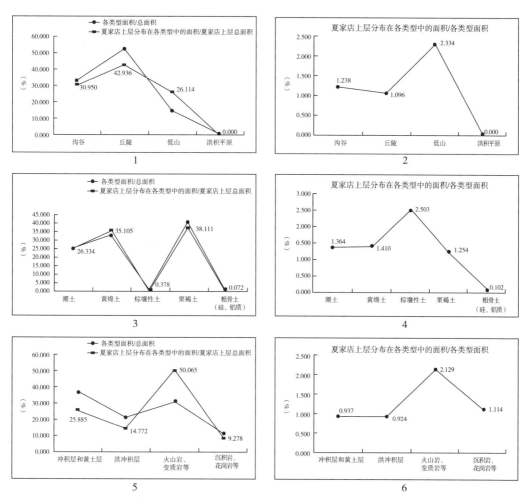

图表 6　夏家店上层文化与不同环境因素统计图表

中黄绵土的比例最高，这与黄绵土主要分布调查区的西北部，而夏家店上层文化遗址在整体上的分布也偏向西北有直接的关系。结合图 9：3 还可以看出，分布在栗褐土中的遗址有相当一部分与地貌类型中的低山重合。如上文所述，栗褐土是山地森林土壤向草原土壤的过渡类型，其土层较厚，比较适宜农业生产。如果这些土壤分布在海拔较高且坡度较陡的低山地带，那么在这些地点进行农业生产的可能性就会明显降低。夏家店上层文化遗址还有一些分布在潮土地带，虽然数量不多，但也表现出夏家店上层文化居民对这些河流两岸的低平地带仍有一定的兴趣。

　　夏家店上层文化遗址在不同地质类型中的分布见图 9：4，在不同地质类型中分布的各种统计数据见图表 6：5、6。从图表 6：5 可以看出，夏家店上层文化分布在有岩石资源地区的遗址面积比例近 60%，其中分布在有适宜制作石器的岩石资源地带的遗址面积比例远远超出该类型在调查区总面积中的比例；分布在适宜农业生产的更新统冲积层和黄土层地带的面积比例仅为 25.885%，分布在全新统的洪冲积层的遗址面积比例为 14.772%，都低于该类型在 CICARP 调查区总面积中的比例。将图表 6：6 的曲线与图表 6：5 进行比较，可见分布在有适宜制作石器的岩石资源地区的遗址面积比例为最高峰值，分布在有不适宜制作石器的岩石资源地区的遗址面积所占比例有所提高，分布在适宜农业生产的更新统冲积层和黄土层地带的遗址面积比例与分布在全新统洪冲积层的遗址面积比例相差不多。尽管在图表 6：6 中曲线的趋势与图表 6：5 有些许不同，但都表现出相同的趋势，即分布在有岩石资源地区的遗址面积占据了大多数。这一方面与夏家店上层文化遗址多分布在北部丘陵、低山地带有关，同时也表现出夏家店上层文化的居民对存在岩石资源的地区具有很强的倾向性。

3.7　战国—汉时期

在 CICARP 调查区内已发现的战国—汉时期的遗址共有 254 处，总面积为 4.81 平方千米。

战国—汉时期的遗址在调查区内除了北端，在锡伯河、半支箭河、西路嘎河和阴河两岸海拔较低且平缓的地带，在河流之间海拔较高的丘陵山地中都有发现，且整体上呈现出较为均匀的分布状况（图 10：1）。

战国—汉时期遗址在不同地貌类型中的分布见图 10：2，各种统计数据见图表 7：1、2。从图表 7：1 的曲线可以看出，战国—汉时期遗址在沟谷中分布的面积比例为最高峰值，达到 41.932%，明显高出同类型面积中在调查区总面积中所占的比例；分布于丘陵中的面积比例位于第二位的峰值，占 37.03%，低于同类型面积在调查区总面积中所占的比例；分布于低山的遗址面积比例为 21.039%，高于同类型面积在调查区总面积中所占的比例。在图表 7：2 的曲线中，低山处于最高的峰值，但并没像此前的夏家店上层文化那样远远超出位于第二峰值的潮土的比例。从图 10：2 也可以看出，战国—汉时期分布在低山中的遗址主要是在半支箭河和西路嘎河间，与夏家店上层文化遗址在这一地点呈成群密集的分布并不相同，其表现出较为均匀的状况。因此从整体上看不出战国—汉时期的居民在选择聚落址对不同地貌类型的特殊偏好或倾向。

战国—汉时期遗址在不同土壤类型中的分布见图 10：3，各种统计数据见图表 7：3、4。从战国—汉时期遗址在不同土壤类型中的分布面积在该文化遗址总面积中所占的比例看（图表 7：3），栗褐土处于最高峰值的位置，达到 43.628%，稍高于栗褐土在调查区总面积中所占的比例；位于第二峰值的是潮土，比例为 37.427%，明显高出潮土在调查区总面积中所占的比例；分布在黄

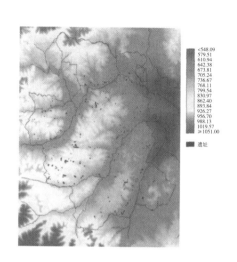

1. 战国—汉时期遗址分布图（DEM）

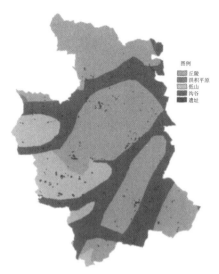

2. 战国—汉时期遗址分布图（地貌类型）

3. 战国—汉时期遗址分布图（土壤类型）

4. 战国—汉时期遗址分布图（地质类型）

图 10　战国—汉时期遗址在不同环境因素中的分布

绵土中的遗址面积比例为 18.771%，低于黄绵土在调查区总面积中所占的比例；还有不到 1% 的遗址分布在粗骨土中。从战国—汉时期遗址在不同土壤类型中的分布面积与该种土壤类型面积的比例看（图表 7∶4），潮土占据了最高峰值，栗褐土次之，黄绵土位于第三位，这种状况与战国—汉时期的遗址在沟谷和丘陵、低山中分布的比例相对应。潮土和栗褐土都是比较适宜进行农业生产的土壤类型，因此战国—汉时期的居民对土壤类型的选择，表现出对可以从事农业生产的地带的兴趣。

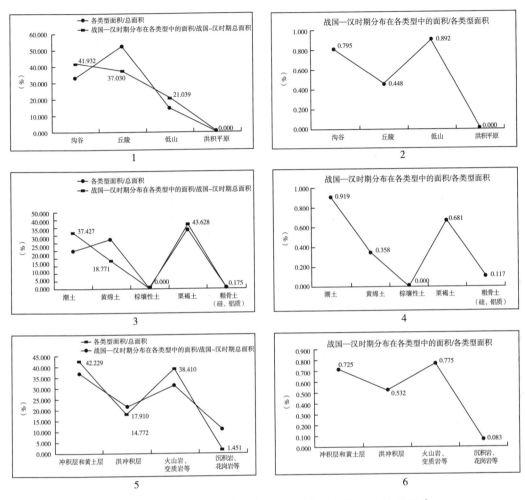

图表7　战国—汉时期遗址与不同环境因素间关系统计图表

战国—汉时期遗址在不同地质类型中的分布见图 10：4，在不同地质类型中分布的各种统计数据见图表 7：5、6。从图表 7：5 可以看出，战国—汉时期分布在适宜农业生产的更新统冲积层和黄土层地带的遗址面积比例最高，达到 42.229%，高于同类型在调查区总面积中的比例；分布在全新统洪冲积层的遗址面积比例是 17.91%，低于同类型在调查区总面积中的比例；分布在有适合制作石器的岩石资源地区的遗址面积比例为 38.41%；分布在有不适宜制作石器的岩石资源地区的遗址面积比例仅为 1.451%。从这些数据可以看出，在更新统冲积层和黄土层地带以及全新统的洪冲积层中，适宜农业生产的前者面积比例更高；而在同样分布有岩石资源的地区，分布在岩石资源可以制作石器地区的遗址面积比例高于岩石资源不适宜制作石器的地区。图表 7：6 的曲线与图表 7：5 稍有不同，即分布具有可以制作石器的岩石资源地区占据了最高峰值，而分布在适宜农业生产的更新统冲积层和黄土层的比例稍低于前者。结合图表 7：1 和图表 7：2 可以看出，在具备适合进行农业生产和可以获得制作石器资源这两种条件的地点，遗址比例亦处在较为均衡的状态。

4 汉以前诸考古学文化与环境关系的初步探讨

通过从不同的考古学文化入手，对不同时期考古学文化与地貌、土壤以及地质等环境因素不同类型间的关系进行定量的分析，可以对不同的考古学文化与不同环境因素之间的关系进行初步的探讨。

兴隆洼文化时期的遗址数量较少，从已发现的遗址分布情况与不同的地貌、土壤和地质类型之间的关系看，其首选都是靠近河流并且适宜进行农业生产的地区，同时对存在可以制作石器的岩石资源的地区也有一定的考虑。

赵宝沟文化时期的遗址数量较兴隆洼文化时期稍有增加，其分布范围亦较兴隆洼时期有所扩大，尤其是在远离河流的丘陵山地中也发现了赵宝沟文化的遗址。从已发现的遗址分布情况与不同的地貌、土壤和地质类型之间的关系看，其首选并非是此前兴隆洼文化重点选择的沟谷地带，而是海拔相对较高的丘陵山地，对暴露有可制作石器的岩石资源的地区也表现出一定的兴趣。从兴隆洼文化以沟谷地带为首选，到赵宝沟文化开始进入海拔较高的丘陵山地，当时可能发生了某一事件或者有某种因素导致了兴隆洼文化与赵宝沟文化在选择聚落址上的这种差别。

红山文化时期的遗址数量及面积远远超出赵宝沟文化时期，其分布遍及 CICARP 调查区。与赵宝沟文化时期不同，红山文化又表现出对河流两岸适宜农业生产的低平谷地的关注，同时分布在不适合人类居住的低山上的遗址比例也有所增加，对分布有可以制作石器的岩石资源的地区的选择也更加理性。与赵宝沟文化相比，红山文化遗址的分布似乎是朝着两个方向发展：一方面是选择那些更适合人类居住，更利于进行农业生产的低谷地带；另一方面则是并不适合人类居住，亦难于从事农业生产的山顶。红山文化居民在选择这两种具有截然不同环境条件的聚落地点时，也许是出于不同的考虑或需求。

已发现的小河沿文化遗址数量较少。从与不同环境因素的关系可以看出，小河沿文化的居民在选择聚落址时，对丘陵地带以及分布有可以制作石器的岩石资源的地区具有强烈的倾向性。

夏家店下层文化遗址的数量较小河沿文化剧增，在河流两岸的沟谷地带分布十分密集，在靠近西部的两河流域间的丘陵山地中也有较大数量的分布。从夏家店下层文化遗址与环境因素的关系来看，其与红山文化有一定的共性，即一方面表现出对沟谷地带的高度关注，一方面在海拔较高的低山上有较多的遗址分布。形成这种状况的原因亦可能与红山文化相同，即夏家店下层文化居民在选择这两种具有截然不同环境条件的聚落地点时是出于不同的考虑或需求，或者说分布在沟谷和山顶的遗址具有功能的差异。

夏家店上层文化遗址在调查区内的分布，似乎可以分为东南与西北两大区。东南区的遗址分布较为稀疏，大多分布在锡伯河和半支箭河的两侧，表现出对靠近河流两岸的低平谷地的倾向性。西北区的遗址分布非常密集，不仅在西路嘎河和阴河两岸有密集的分布，而且在远离河流的丘陵山地中也有密集的分布。与夏家店下层文化遗址的分布相比，其重心整体向海拔相对较高的西北部转移。正是由于这一原因，分布在低山中的遗址面积，不论是其在夏家店上层文化遗址面积中所占比例，还是其与调查区内低山面积的比例，都是此前任何一个文化所未曾达到的高峰。同时，分布在有可以制作石器的岩石资源的地区的遗址面积也达到 50% 以上，仅次于小河沿文化。这种情况表明，夏家店上层文化的居民对海拔较高的山顶地带以及具有岩石资源地区的关注已远远超出夏家店下层文化。从遗址在东南部与西北部分布的情况来看，夏家店上层文化遗址在与环境因素的关系上似乎存在着不同的模式。

战国—汉时期的遗址在调查区内的锡伯河、半支箭河、西路嘎河和阴河两岸，以及河流之间的丘陵山地间都有分布，其分布状况既不似夏家店上层文化那样可以看出有明显的分布重心，也不像夏家店下层文化那样在河流两侧分布极为密集，而是表现出较为均匀的态势。这样一种均匀的分布似乎表明战国—汉时期已经能够对不同的环境类型进行利用与开发。

本文仅就 CICARP 已调查范围内不同考古学文化遗址的分布与环境因素之间的关系进行了初步的分析和讨论。由于调查范围内各种环境因素的类型相对简单，如在赤峰地区较为常见的黄土台地就不见于已调查区内，因此本文的分析与讨论可能存在一定的局限性，但毕竟是对这一地区不同考古学文化与环境因素间关系的定量分析，是对该地区进行环境考古学研究的必要基础。随着调查范围的进一步扩大，以及调查区内环境因素类型的增加，这种分析和讨论将会更加具有普遍性，为进一步的环境考古学研究提供更加坚实的基础。

附记：本文是教育部人文社会科学重点研究基地重大项目"GIS-EIS 系统支持下的赤峰地区环境考古学研究"的中期研究成果。项目批准号：02JAZJD78004。该研究成果还得到国家基础科学人才培养基金（J0030094）和吉林大学"985 工程"项目的资助。以色列希伯来大学东亚研究所吉迪博士提供了赤峰市草场资源图，美国匹兹堡大学人类学系周南教授提供了 GIS 软件——EDRISI，志此以致谢忱。本文原载于《边疆考古研究·第 5 辑》，科学出版社，2006 年。

内蒙古赤峰市距今
8000～2400 年间环境考古学的初步研究

孔昭宸

中国科学院植物研究所

在日益增多的孢粉学文献中，考古孢粉学涉及的研究内容已远远超出单纯自然科学的范畴，它在考古学中的应用，既是那样令人倾注，又令人迷惑。借助我国丰富的考古学资料，悠久浩瀚的书籍记载再加上考古孢粉学（Palynology of Archaeological Sites）和古民族植物学（Palaeoethnobotany）在环境考古学（Environmental Archaeology）上取得的长足进步[1]，为现代和未来的环境研究提供了历史背景值资料。

本文旨在探讨历史气候研究中人们最为关注的全新世高温期（Hypsihermal Interval）时段和变化幅度问题。

1 自然概况及古代遗址

赤峰市（原昭乌达盟）年平均气温 5℃～8℃，1 月份均温 –11℃～–l5℃，7 月份均温 20℃～23℃，≥ 10℃的年积温为 2700℃～3200℃，年降水量为 350～450 毫米[2]。由于本区地势从东南向西北逐渐升高，故影响农作物生长的主要热量因子 ≥ 10℃的年积温逐渐减少，而降水量相应增加[3]。本文涉及的主要文化遗址敖汉旗、翁牛特旗的现代植被具有暖温型草原向中温型草原过渡区

[1] a. Renfrew, J. M. (1973). *Palaeoethnobotany*. Methuea & Co Ltd.

b. Hasterf, C. A., Popper, V. S. (1988). *Current Paleoethnobotany: Analytical Methods and Cultural Interpretations of archaeological Plant Remains*. The University of Chicago Press.

c. Dimbleby, G. W. (1985). *The Palynology of Archaeological Sites*. Academic Press INC.

[2] 中国科学院内蒙古宁夏综合考察队：《内蒙古植被》，科学出版社，1985 年。

[3] 内蒙古草场资源遥感应用考察队：《内蒙古自治区赤峰市自然条件与草场资源地图》，科学出版社，1988 年。

的特征。丛生的禾草草原是其最基本的类型[1]。除个别水热条件较好的沟谷或山地残留有乔木树种外，在遗址分布地区则缺少乔木和蕨类植物的生长。因而对不同年代遗址（图 1）所做的孢粉分析和植物遗存鉴定，有助于讨论古今气候的变化及其原因。

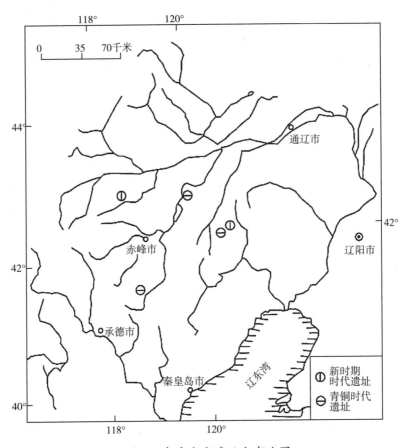

图 1 赤峰古代遗址分布略图

1.1 新石器时代

1.1.1 兴隆洼文化聚落址[2]

遗址位于赤峰市敖汉旗宝国吐乡，地处大凌河支流牤牛河西南 1.5 千米的低

---

［1］ 王义凤等：《内蒙古自治区植被地带特征》，《植物学报》1979 年第 3 期，第 274～284 页。

［2］ a. 中国社会科学考古研究所内蒙古工作队：《内蒙古敖汉旗兴隆遗址发掘简报》，《考古》1985 年第 10 期，第 865～873 页。

b. 匡可任等：《中国植物志（21 卷）》，科学出版社，1979 年。

c. 孔昭宸、杜乃秋：《内蒙古敖汉旗兴隆洼遗址植物的初步报告》，《考古》1985 年第 10 期，第 873～874 页。

丘陵西缘。聚落外围环绕着直径 166～183 米的围沟，在聚落内有 11～12 排共约百间的半地穴房址。房址中有丰富的文化遗存，使该地成为兴隆洼文化代表性地点[1]。聚落内找到大量的石锄、石磨盘、石磨棒以及大量鹿骨、狍和猪的遗骨。此外在房址中还出土有骨鱼镖和渔钩等捕鱼工具，尤其引人注目的是从几座房址居住面、堆积和灰坑中收集到一些半炭化的植物果核，尽管多数果核破碎，但 F129 ② ：24，F123 ② ：35 和 H171 ① ：10 却保存完好。根据果核的外部形态，内果壁内有不规则的空室，对照现代标本，我们认为这些完整和破碎的果核碎片均属于胡桃楸（*Juglans mandshurica*）[11]（附图：1～7）。此外，我们还从房址采集的 13 管样品中分析出松（*Pinus*）、梣（*Fraxinus*）、蒿（*Artemisia*）、禾本科（*Gramineae*）、蓼（*Polygonum*）、豆科（*Leguminosa*）、藜（*Chenopodium*）的花粉和少量的水龙骨（*Polypodium*）、中华卷柏（*Selaginella sinensis*）的孢子。鉴于兴隆洼聚落遗址两座房址出土的木炭测出的年龄为 7470 ±115～6 895 ±205 a B.P.。F101 ③层以兽骨测年是 5660 ±170 a B.P.[2]。取胡桃楸半炭化果核碎片经北京大学考古学系测定年代 8135 ±270 a B.P.（实验室编号 BK89101）。参考 14C 测年数据，考虑到与考古地层学和类型学进行比较，我们认为兴隆洼聚落为 8000 a B.P. 左右。

胡桃作为史前人的食物，在近东和欧洲均有记载[3]，在我国的一些文化遗址和全新世地层亦被广泛发现。例如，河北容城 8140 ±70 a B.P. 古河道中找到过大量胡桃楸果核（北京自然博物馆采集），在北京平谷上宅遗址（7000～6000 a B.P.）也找到过胡桃楸果核（周昆叔先生转送鉴定）。胡桃楸多生长在土质肥厚、湿润、排水良好的沟谷或山坡，既是组成北方暖温带夏绿阔叶林的主要乔木树种，又是森林草原带的山地夏绿阔叶林中的伴生树种[4]，在通辽市大青山以及敖汉旗大黑山现仍有生长。但现今气候偏干旱的敖汉旗，在距今 8000 年左右，胡桃楸可能与梣、松混交共同组成暖温带夏绿阔叶林和针叶林混交林。当时气候温暖潮湿，由杜鹃组成的灌丛分布林下。在森林区及森林草原带的岩石上，山地岩石上或石缝中则匍匐生长着喜温干的中华卷柏。由禾本科和蒿、蓼组成的草原也可能占有一定的面积，就赤峰市大范围看，当时的植被很可能接近内蒙古的夏绿阔叶林和草原过渡带。当时的年平均气温为 6.5℃～7.5℃，最冷月（1 月）均温 –11℃～12℃，最热月均温是 23℃～24℃，≥ 10℃的年积温有 3000～3200℃，年降水量有 400～500 毫米。由于

[1] 中国社会科学考古研究所内蒙古工作队：《内蒙古敖汉旗兴隆遗址发掘简报》,《考古》1985 年第 10 期，第 865～873 页。
[2] 半衰期取 5730 年，起讫年代为 1950 年，未经树轮校正，下同。
[3] Renfrew, J. M. (1973). *Palaeoethnobotany*. Methuea & Co Ltd.
[4] 中国科学院内蒙古宁夏综合考察队：《内蒙古植被》，科学出版社，1985 年。

在遗址中找到许多原始农业工具、捕鱼具、动物遗骨和木炭，较充分地说明了聚落附近有森林、草原、湖沼、农田的分布。当时的先民既采摘果实（如胡桃楸）、猎取动物、捕捉鱼类，也种植作物、饲养动物。

1.1.2　赵宝沟文化

小山遗址[1]地处大凌河支流牦牛河上游，位于兴隆洼遗址西南的低丘岗地，海拔 476 米。发掘出的饰鹿首动物纹的陶器是赵宝沟文化的鲜明特征。考古地层学与考古类型学研究表明，兴隆洼文化早于赵宝沟文化。取自小山 2 号房址内的两块木炭，放射性碳素测年分别为 6060±85 a B.P.（树轮校正后为 6715 a B.P.）和 6150±85 a B.P.（树轮校正后为 6800 a B.P），进一步说明赵宝沟文化晚于兴隆洼文化。在房址内见到掺有草茎和木质印痕的红烧土块，证明当时用木料作为房屋建筑材料。值得注意的是在 F1 居住面上的深腹缸内找到两枚保存完好的胡桃楸果核（编号为 F1 ②：14）和中旱生乔灌木李属（*Prunus*）的种子（附图：8）。如前所述，胡桃楸的出现说明当时气候仍温暖。在赵宝沟文化中发掘出许多石耜、磨棒、磨盘等农业和粮食加工工具，表明当时的原始农业较兴隆洼文化阶段有了较大的发展。

小善德沟遗址[2]位于翁牛特旗广德公乡，地处西拉木伦河南侧支流少郎河左岸的低丘山岗上，南距河床约 1 千米，属新石器时代赵宝沟文化。在半地穴式房址 F1 居住面上收集到表面灰白呈多层状的桦木（*Betula*）树皮[3]。桦一般是分布在暖温带夏绿阔叶林与湿冷的针叶林之间的过渡类型，或是针叶林破坏后产生的次生林。它性喜凉温潮湿，广泛分布在我国的东北、华北、西北和西南山区，也可进入森林草原带的山地与杨、栎组成杂木林。现在翁牛特旗灯笼河尚残存有棘皮桦（*Betula dahurica*）和白桦（*Betula platyphylla*）。

综合小山和小善德沟两个赤峰地区遗址的特征，不难看出，在 6000 年前的赵宝沟文化时期仍存在着由胡桃楸和桦组成的夏绿阔叶林，在林下或空旷地带生长着由李属组成的灌木和小乔木。由于桦木较胡桃楸更能适应较干的环境，因此更易扩展其分布区，使得桦成为先民们薪材和制作器具的原料、建房用的材料，这些人为性因素又加剧了对植被和气候的影响。

---

[1]　中国科学院考古研究所内蒙古工作队：《内蒙古敖汉旗小山遗址》，《考古》1987 年第 6 期，第 481～503 页。

[2]　a. 刘晋详：《翁牛特旗小善德沟新石器时代遗址》，见《中国考古学年鉴·1989》，文物出版社，1990 年，第 130～131 页。
　　b. 刘晋详：《赵宝沟文化初论》，见《庆祝苏秉琦考古五十五年论文集》，文物出版社，1989 年，第 198～202 页。

[3]　中国社会科学院考古研究所刘晋祥先生介绍了桦树皮的出土情况，谨致谢意。

1.1.3 红山文化[1]

红山文化主要分布于内蒙古东南部和辽宁西部等地，据考古材料和 ^{14}C 测年得知这种文化大约在 6500～5000 a B.P.。遗址中发现的鹿、獐等兽骨，以及石镞、骨鱼钩等渔猎工具，说明在当时既有森林草原，又有足够的水域，为当时先民狩猎和捕鱼提供了场所。由于红山文化遗址中还出土了许多烟叶形石耜、石刀、磨棒和磨盘等，说明当时已有发达的原始农业。

1.1.4 富河文化[2]

富河文化的代表遗址是富河沟门，位于赤峰市北部巴林左旗，地处西拉木伦河北侧支流，乌尔吉木伦河东岸的丘岗上。房址内桦树皮测定年龄为 5300±45 a B.P.（经树轮校正），此文化的年代上限可能与小山遗址相近。在房址内还找到大量野生动物骨骸，主要是草食型的偶蹄目，如麝、麂、麋、黄羊和野猪，其次有狗獾、狐、松鼠和少量犬科等，未见大型奇蹄目。从动物生态习性推测，5000 多年前西拉木伦河地区为森林草原景观，并有一定的湖沼。由于文化遗址中还有石锄等原始农业工具与渔猎用具，说明先民已有原始农业，狩猎捕鱼在当时经济生活中也占有重要位置。

1.2 青铜时代

1.2.1 夏家店下层文化

大甸子墓地[3]位于敖汉旗大甸子村东，地处大凌河支流牤牛河附近。这是一处夏家店下层文化（2000～1500 a B.C）的大型墓地。随葬陶器中的爵、鬶等是中原二里头文化的典型陶礼器，证明大甸子墓地年代相当于夏代。取自两座墓的棺木经 ^{14}C 测定年龄为 3645 a B.P. 和 3 685±135 a B.P.（经树轮校正），也与中原地区的夏代相当。除前文报道内容外[4]，又从 1983 年发掘的 7 座墓葬内选取样品，其中 M1102、M1109、M1117、M1123、M1141（2 个样品）取样时陶罐上尚扣着鬲或鼎，样品中分析出的孢粉应代表当年埋葬时放入罐中的随葬物或附着物。M1117 的 2 号陶罐覆盖着陶鬲，发掘时发现罐内保存较好的谷子（*Setalia italica*）外壳，

[1] 杨虎：《关于红山文化的几个问题》，见《庆祝苏秉琦考古五十五年论文集》，文物出版社，1989 年，第 216～226 页。
[2] 中国科学院考古研究所内蒙古工作队：《内蒙古巴林左旗富河沟门遗址发掘简报》，《考古》1964 年第 1 期，第 1～5 页。
[3] 样品和出土简况由赤峰市博物馆刘素侠同志提供，谨致谢意。
[4] a. 中国社会科学院考古研究所辽宁工作队：《敖汉旗大甸子遗址 1974 年试掘简报》，《考古》1975 年第 2 期，第 99～101 页。
b. 孔昭宸、杜乃秋：《内蒙古自治区几个考古地点的孢粉分析在古植被和古气候上的意义》，《植物生态学与地植学丛刊》1981 年第 3 期，第 193～202 页。

将其取出编号为 M1117-5，经分析共统计出 864 粒孢粉，其中禾本科植物花粉占 92.7%，另有少量的松、蒿花粉和个别的水龙骨（*Polypodium*）孢子。从种壳的形态、花粉的对比，可知谷子是当时人们种植和食用的一种主要作物，而松、蒿花粉和水龙骨孢子则可能是当时生长的植物花粉附着在先民食用的粮食上。M1123-2 和 M1241-2 陶罐内的样品分别统计出大量的孢粉，主要以喜温耐干的松占优势（85.5%～99.4%），其次尚有少量的云杉（*Picea* sp.）和个别的莎草科、禾本科和水龙骨。M1145-2 则以沼生、水生植物香蒲（*Typha* sp.）占优势（81.8%），其次是禾本科、蒿、松和喜温的榆（*Ulmus*）和胡桃（*Juglans* sp.）。此外在 M1102-1、M1141-2 以及 M1117-2 中分析出少量的孢粉，计有松、云杉、栗（*Castanea* sp.）禾本科、蒿、麻黄、豆科和水龙骨的孢子。（表 1）

表 1　赤峰市敖汉旗大甸子村及周家地墓地孢粉组合统计表

墓地名称		大甸子墓地 83 M.A.D.							周家地墓地
样品编号		M1102-1	M1141-2	M1123-2	M1145-2	M1117-2	M1109-4	M1241-2	M1111-2	81M.A.Z.M-45
孢粉总数		16	21	683	220	864	160	242	8	213
乔木植物花粉总数				678	12	39	113	238		1
灌木及草本植物花粉总数				4	208	825	38	1		212
蕨类植物孢子总数						2	8	1		
乔木植物										
冷杉属	*Abies*							30		
云杉属	*Picea*		2							
松	*Pinus* cf. *tabulaeformis*		4	678	1	39	113	208	3	1
榆属	*Ulmus*				10					
胡桃属	*Juglans*				1					
梣属	*Fraxinus*									
栗属	*Castanea*		1							
灌木及草本植物花粉										
蒿属	*Artemisia*	14			9	24	31		1	26
豆科	Leguminosae	1								4
禾本科	Gramineae	1	11		17	801	6	1	5	165
麻黄属	*Ephedra*		1	3	1					

续表 1

墓地名称		大甸子墓地 83 M.A.D.								周家地墓地
样品编号		M1102–1	M1141–2	M1123–2	M1145–2	M1117–2	M1109–4	M1241–2	M1111–2	81M.A.Z.M–45
菊科	Compositae		1							
莎草科	Cyperaceae			1						
毛茛科	Ranunculus									2
藜科	Chenopodiaceae									14
香蒲	*Typha*				180					
蕨类植物										
中华卷柏	*Selaginella sinensis*						8			
水龙骨科	Polydiaceae		1			2		4		

上述反映不同环境的孢粉，说明当时这里可能仍有森林、农田、草原和沼泽，虽然不同墓葬陶罐内的孢粉组合的差异到底是因埋葬季节不同造成，还是出自先民的意愿有选择性的放入尚不得而知，但提示大甸子墓地埋葬时期先民生活在气候较为温和湿润的环境。由于在大甸子城址出土大量农业工具，如石锄、石铲和石镰刀，同时发现了牛、羊、猪、狗等家畜，以及猎获的鹿科动物，因此可以说，先民们在当时气候较今温暖潮湿的生境下种植适应性强的谷子、饲养家畜，过着农牧兼而有之的生活，与同时代中原农业文明发达程度所差无几。夏家店下层文化还分布于通辽市南部、辽宁西部、北京及河北北部，但这些地点尚缺乏孢粉学或古民族植物学鉴定的证据，因此其文化特色和环境之间的关系尚不清楚，有待材料的补充。远在太行山以西的山西夏县东下冯遗址（1895～1580 a B.C.，经树轮校正）、陶寺遗址（2500～1900 a B.C.，经树轮校正）以及宁夏海原菜园子遗址（2635～2245 a B.C.，经树轮校正）的植物鉴定和孢粉分析资料也启示我们，大约 2600～2000 a B.C. 间，气候较今潮湿，有利于落叶阔叶和常绿针叶（主要是松）树种组成的混交林在局部水热条件较好的地区生长。因此，我们认为在 2600～1500 a B.C. 期间，现今的华北部分半干旱地区尚有局部森林生长，气候较今适宜无疑。

1.2.2 夏家店上层文化

小黑石沟墓地属春秋早期，约当 700 a B.C. 前后，位于赤峰市宁城县甸子乡小黑石沟，地处老哈河左岸。在随葬铜容器中收集到叠压在一起的榆树（*Ulmus* sp.）叶子和很多甜瓜（*Cucumis melo*）种子（附图：9～11），这些植物遗存显然是入葬时装入铜容器的随葬物。宁城现今年均气温 7.2℃，7 月均温 23.4℃，1 月均温 -11.9℃，年降水量接近 500 毫米，湿润度 0.5，水热因子相应的植被分区应属夏绿落叶阔叶林区。

从小黑石沟墓地出土的植物遗存看不出与现今气候的差别，但从容器中取出的甜瓜子在扫描电镜下能清晰见到种皮上的线状条纹以及完整的胚，可以与现时栽培的甜瓜（*Cucumis melo*）种子进行对比。甜瓜作为一年生蔓生草本在世界温带至热带地区广泛栽培，甜瓜种子曾发现于长沙马王堆一号西汉初期（公元前 2 世纪中叶）墓女尸体内，现在又在内蒙古宁城距今约 2700 年的墓葬中被发现，为民族植物学的研究提供了很有意义的资料。

周家地墓地[1]年代相当于中原地区春秋时代早期，约当 700 a B.C. 前后，位于敖汉旗古鲁板蒿乡，地处丘岗上。从 M45 墓主残存的腹部取样进行孢粉分析，发现 213 粒花粉，其中禾本科植物花粉占孢粉总数的 77.4%，其次是蒿属、藜科、豆科和毛茛科，另有一粒松树花粉。对于孢粉组合中所出现的禾本科植物到底来自以禾本科为主的温性草原，还是来自墓主摄入的农作物，我们更倾向后者，因为花粉单一，有的呈闭状，与谷子花粉相似。组合中其他花粉则来自周围地区，显然反映出其植被不同于敖汉旗大甸子墓中的孢粉特征。当时的气候可能相当干旱，不利于森林生长。墓主腰间所束革带基本完好，腹部尚有残存，也是当时气候干燥的一种反映。此外墓主面部尚覆盖着大的蚌壳[2]，这些蚌壳显然来自与遗址紧邻的老哈河，当时能生存如此大的瓣缌类动物的老哈河河水应是较今丰富的。

综合夏家店下层和上层文化的植物和孢粉特征，似乎反映下层文化时期气候温湿，而上层文化时期变得温干，因此温性森林减少、草原面积扩大。

2　讨论和结论

迄今为止，赤峰地区是我国北方发现新石器时代—青铜时代（8000～2400 a B.P.）考古资料和伴存有较多动物遗骸、植物遗体和孢粉的地区之一。兴隆洼、赵宝沟、红山、富河、小河沿等新石器文化和夏家店下层、夏家店上层青铜时代文化，揭示出不同社会发展阶段先民的聚落或城址形态、经济结构和文化特征。本文依据

---

[1] 中国社会科学考古研究所内蒙古工作队：《内蒙古敖汉旗周家墓地发掘简报》，《考古》1984 年第 5 期，第 417～425 页。
[2] 中国社会科学考古研究所内蒙古工作队：《内蒙古敖汉旗周家墓地发掘简报》，《考古》1984 年第 5 期，第 417～425 页。

考古孢粉学和古民族植物学研究材料，初步认为现为典型草原亚地带的赤峰地区在 8000 ~ 6000 a B.P. 前曾广泛分布着暖温性夏绿阔叶林。温暖偏湿的自然环境为先民们的生命繁衍和文化创造提供了较为适宜的环境条件，聚落形态、原始农业的发展又给予自然植被以深刻影响。距今大约 5000 年前，一些落叶阔叶树种如胡桃楸在本区减少，适应性较强的桦木和喜温干的松树扩大其分布区，中温性草原占据了低丘陵地，赤峰进入夏绿阔叶、针叶混交林和森林草原区，当时的气候可能向温干方向发展。至 3500 a B.P. 前后，敖汉旗仍有森林、草原、农田和湖沼分布，当时先民种植谷子、饲养家畜，过着农牧兼而有之的生活。现在赤峰地区典型草原沙质地上残留的松、榆、桦、桦很可能是历史时期保存下的树种。

新石器时代中晚期的红山文化（6500 ~ 5000 a B.P.）以发达的原始农业和玉文化为特征，聚落变大、增多，而且在某些地点成群分布，标志着人口和社会都有较大发展。时至夏家店下层文化阶段（4000 ~ 3500 a B.P.），出现以早期城址为中心的聚落群体，广布于辽西地区，表明人口和社会急剧发展，农业工具的多样化标志其生产技术发达程度与同时期中原地区农业文明相近。有关孢粉学研究表明，在 3000 a B.P. 前后北方有过低温干燥过程[1]。对辽西地区来说，这种情况的出现可能有两个原因：一是受全球性气候变化制约，引起自然环境的改变；二是自红山文化以来，夏家店下层文化时期在燕山以北某些地区过度开垦，造成对生态环境的破坏。正是由于生态环境的明显变化导致了两种青铜文化的更迭[2]，即以农业生产为主要经济基础的夏家店下层文化南徙，而农业生产水平较低、畜牧业发达的夏家店上层文化占据了燕山以北的辽西地区。大甸子和周家地两处墓地的孢粉分析结果恰好反映了这种生态环境和考古文化更迭的进程。这两种文化属于不同的文化谱系，是不同氏族创造的不同文明。

赤峰（8000 ~ 3500 a B.P.）不同考古文化正值全新世高温期。按其植被带与气候因子间的对应关系得知[3]，当时的年平均气温较今高 0.5℃ ~ 1.5℃，≥ 10℃的积温较今高 300℃，最热月（7 月）较今高 1℃ ~ 3℃，最冷月（1 月）则较今高出 3℃，年降水量较今高 50 ~ 100 毫米。与此时段相当的孢粉和植物遗存研究资料，还见于青海湖[4]等地区，都说明这一时段的气候较为温暖、潮湿，湖沼发育，泥炭沉积。本文所述及的

［1］ a. 孔昭宸、杜乃秋：《中国某些地区全新世高温期植被和气候的初步研究》，《海洋地质与第四纪地质》，1990 年第 1 期，第 99 ~ 102 页。
b. 孔昭宸、杜乃秋、张予斌：《北京地区 10000 年以来的植物群发展和气候变化》，《植物学报》1982 年第 2 期，第 172 ~ 181 页。
［2］ 刘观民：《北方草原的青铜文化》，见中国社会科学院考古研究所编《新中国的考古发现和研究》，北京：文物出版社，1984 年，第 340 ~ 348 页。
［3］ 中国科学院内蒙古宁夏综合考察队：《内蒙古植被》，科学出版社，1985 年。
［4］ 孔昭宸、杜乃秋、山发寿：《青海湖全新世植被演变及气候变迁—— QH85-14C 孔孢粉数值分析》，《海洋地质与第四纪地质》1990 年第 3 期，第 79 ~ 90 页。

新石器时代遗址和青铜时代夏家店下层文化遗址发现的农具、狩猎具、渔具似乎也能印证这一点。赤峰和通辽南部、辽宁西部（阜新、朝阳、锦州），吉林南部、河北北部（唐山、承德、廊坊）和京津地区，在考古学上常被称"辽西地区"或"长城地带东段地区"，属于同一个大的文化区域，文化并行发展，互相影响，是中华民族文明起源和早期文明的重要分布区。我们通过对现代生态环境比较脆弱的赤峰地区环境考古学进行初步探讨，得知8000年以来赤峰曾由暖温性夏绿阔叶林演替为森林草原，再演变为今天的典型草原。这无疑对赤峰土地规划和环境治理是有益的。

尽管赤峰市8000~2400 a B.P.的遗存为我们讨论中国历史气候的演变提供了参考资料，但是由于8000年以来的农业、牧业以及其他人类活动叠加在自然文化中，在缺乏系统孢粉资料和更多考古学证据的情况下，目前尚难以提出令人置信的自然环境变化的详细情况，仍有待深化和修正。

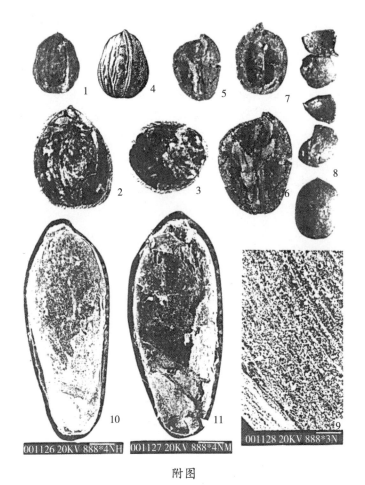

附图

1~7. 胡桃楸果核（*Juglans mandshurice*），兴隆洼遗址　8. 李种子（*Prunus sp.*），

小山遗址　9~11. 甜瓜种子（*Cucumis melo*），宁城小黑石沟墓葬

附记: 本文原为孔昭宸、杜乃秋（中国科学院植物研究所）、刘观民、杨虎（中国社会科学院考古研究所）合写，文章刊入周昆叔主编《环境考古研究第一辑》（科学出版社，1991 年，第 112~119 页），附图版Ⅲ。该文系考古学家与植物学工作者合作对古代先民文明化进程与其生存环境的探讨。本文略加补充后转载在中国社会科学院考古研究所编著《大甸子——夏家店下层文化遗址与墓地发掘报告》（科学出版社，1996 年，第 323~333 页）。2019 年在对原文作个别文字修改的基础上又入选高等教育出版社出版的《中国植被历史，古气候与环境考古——孔昭宸自选论文集（下册）》（第 643~649 页）。

　　该文曾在扩充有关兴隆洼和红山文化遗址植物遗存研究的基础上，由孔昭宸、杜乃秋、刘长江、张卉、杨虎、刘观民、刘国祥署名，以《赤峰市 8000 多年来某些文化期植物遗存研究的收获和思考》为题刊入赤峰学院红山文化研究院编《第八届红山文化高峰论坛文集》（辽宁大学出版社，2014 年，第 45~52 页）。

　　谨以此拙文再次刊出之际，深切缅怀杨虎、刘观民和田广金研究员在生前给予第一作者的激励和帮助。亦十分感谢内蒙古自治区多家文物考古及教学部门亦师亦友的合作伙伴们给予的研究材料，以及对研究论文所提出中肯而具有补偏救弊作用的补充和修正意见。

西拉木伦河南岸史前人类定居的
时空变化及其影响因素

贾　鑫[1]　弋双文[1]　孙永刚[2]　吴霜叶[1、3]　Lee Harry F.[4]　王　琳[5]　鹿化煜[1]

1. 南京大学地理与海洋科学学院
2. 赤峰学院历史文化学院
3. 美国代顿大学地理系
4. 香港大学地理系
5. 华侨大学建筑学院

1　引　言

随着全球气候变化影响研究的快速发展，人地相互关系受到越来越多科学家和公众的广泛关注（Lawler，2007；Zhang et al.，2011；Chen et al.，2015a）。研究生态脆弱区的气候变化及其对史前人类定居的影响尤为重要，可为生存在该区域的人们提供一些适应当今气候变化的应对策略。在人类历史上，全新世气候波动导致了史前文化的繁荣和消亡、聚落的兴衰、人类活动程度的变化（Polyak and Asmerom，2001；Lawler，2007；Yancheva et al.，2007）。人类则通过选择适宜的生业模式以适应新石器—青铜时代的气候变化（Li et al.，2009；Jia et al.，2013，2016；Li，2013；Guedes et al.，2014；Chen et al.，2015b）。

西辽河地区位于中国东北地区西部，季风气候的边缘地带以及农牧交错带的东南缘（图1），自然环境条件极易受到气候变化的影响。季风强弱影响了西辽河中部科尔沁沙地的固定和活化（Qiu，1989；Yang et al.，2012），又与之共同影响了该地区的人类活动（Xia et al.，2000；Li et al.，2006）。作为我国文明起源的中心之一（Drennan and Peterson，2006；Peterson et al.，2010）和北方旱作农业文明的起源地（Jones and Liu，2009；Zhao，2011，2014），西辽河地区吸引了诸多学者的关注（Xia et al.，2000；Li et al.，2006；Zhao et al.，2009，2011）。然而，由于缺乏连续的气候记录和定年材料，该地区人类活动与环境变化的相关研究存在诸多问题。

生业模式研究（Lee et al.，2007；Guedes et al.，2014；Chen et al.，2015b）和古代

地理信息系统（GIS）分析（Peterson et al.，2010；Wagner et al.，2013）已被用于全新世的人地关系研究。尽管前人已经尝试用上述方法来揭示西辽河地区的人地关系规律（Xia et al.，2000；Li et al.，2006），但极大地受制于区域内考古遗址点精确位置的缺失和生业模式研究的不足。此外，由于缺乏区域内气候事件的精确年代，导致人地关系的研究更加困难（Xu et al.，2002；Li et al.，2006）。

我们对西辽河主源西拉木伦河南岸的考古遗址进行了详细调查，用以探究西辽河地区史前文化的演变以及人类定居的时空变化规律。考古调查过程中通过 GPS 获取了考古遗址点的准确位置，并从已发表的文献中分析该地区全新世气候变化和科尔沁沙地演化的规律。将上述数据与地貌、生业模式和考古遗址的时空变化进行综合分析，全面探究人—地关系。

2　研究区概况

研究区位于西拉木伦河南岸（42°25′~43°23′N，116°50′~120°40′E），面积约为 1.7×10^4 平方千米，地处内蒙古高原和松辽平原的交界地带（图1）。西拉

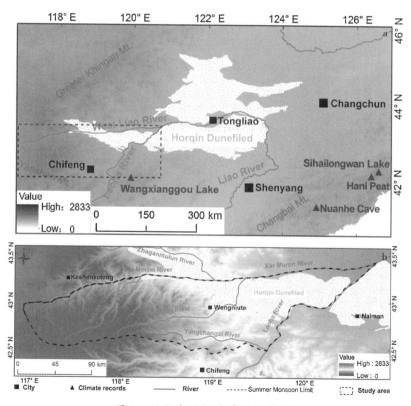

图1　西拉木伦河南岸区位置图

a. 西辽河流域　b. 西拉木伦河南岸地区

木伦河发源于内蒙古赤峰市的克什克腾旗。作为西辽河的正源,西拉木伦河汇聚了白岔河的上游水系、少郎河、查干沐沦河和老哈河,流入辽河,并最终汇入渤海。西辽河地区被西拉木伦河分为南北两部分。大兴安岭的抬升导致了西拉木伦河南岸的西部地区高于东部地区,西部地区海拔为2833米,而东部地区海拔仅有280米,从西到东依次为山地、丘陵和平原。研究区西部主要为大兴安岭和燕山,黄土丘陵位于研究区中部,东部为科尔沁沙地。该区域有大量的黄土堆积,包括黄土台地、黄土丘陵、沟谷及其他地形类型。

研究区位于季风边缘区,是半湿润—半干旱的过渡地带,年均温为5℃~6.7℃,年降雨量250~500毫米,部分区域年蒸发量大于2100毫米。西部降雨量最大,东部最小。区域内西部山区植被类型为林地和森林草原,西部平原区为草甸草原,中部低山平原区为干草原,东部科尔沁沙地为流动、半流动沙丘,黄土堆积区分布有零星的农田。

3 材料和方法

我们在西拉木伦河南岸进行了全面的考古调查,基于地表和剖面上发现的大量陶片界定了每个遗址的考古学年代。在调查过程中通过GPS记录了276个考古遗址的精确位置信息(图2;表1)。基于上述位置信息及各文化类型陶片的分布范围,估算出每种文化类型的总面积。遗址的基本信息,包括每个时期遗址点的数量及其平均面积、最大面积和总面积(图3)。同时,本文采用Arc GIS 9.2来计算考古遗址与西拉木伦河主要支流之间的最小距离(图4:b)。

所有史前文化的年代框架均为经树轮校正后的碳十四数据。所有年代数据的距今均为公元1950年(cal. yr B.P.),半衰期为5568年。碳十四年代经过Calib 5.01程序(Ramsey, 2001)的IntCal09曲线(Reimer et al., 2009)进行校正。经过计算,各史前考古学文化年代序列如下[基于该地区史前考古文化碳十四年代概率(2σ)]:兴隆洼文化为8200~7200 cal. yr B.P.,赵宝沟文化7000~6400 cal. yr B.P.,红山文化6600~4900 cal. yr B.P.,小河沿文化4900~3600 cal. yr B.P.,夏家店下层文化3900~2800 cal. yr BP,夏家店上层文化3100~2000 cal. yr B.P.。在白音长汗遗址,兴隆洼文化层打破了小河西文化层。因此,小河西文化应早于兴隆洼文化,可能略早于8.0 cal. kyr B.P.。

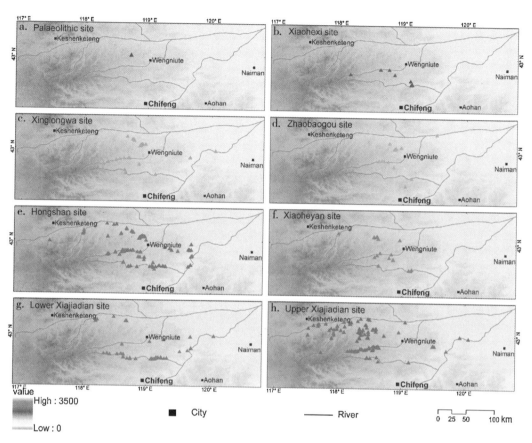

图 2 西拉木伦河南岸地区史前考古遗址分布

表 1 西拉木伦河南岸地区各遗址的海拔分布

文化类型		海拔（米）											最高海拔	最低海拔	平均海拔
		200～400		400～600		600～800		800～1000		1000～1200		1200～1400			
		个数	%	个数	%	个数	%	个数	%	个数	%	个数	%		
旧石器时代										1	100.00			1074	1074	1074
新石器时代	小河西文化					6	66.70	2	22.22	1	11.11			601	1170	764
	兴隆洼文化	1	3.57	1	3.57	13	46.40	10	35.71	3	10.71			398	1159	774
	赵宝沟文化			1	7.14	8	57.10	5	35.71					512	951	741
	红山文化			23	22.12	49	47.10	29	27.88	3	2.88			446	1145	712
	小河沿文化			1	4.76	5	23.80	14	66.67	1	4.76			591	1174	821
青铜时代	夏家店下层文化	1	2.22	18	40.00	13	28.90	9	20.00	4	8.89			394	1101	697
	夏家店上层文化	1	0.79	6	4.76	7	5.56	68	53.97	41	32.54	3	2.38	398	1290	939

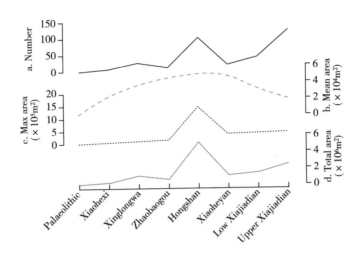

图 3　西拉木伦河南岸地区史前各时期考古遗址点数量和面积

a.考古遗址点数量　b.考古遗址的平均面积　c.各时期最大考古遗址的面积　d.各时期考古遗址的总面积

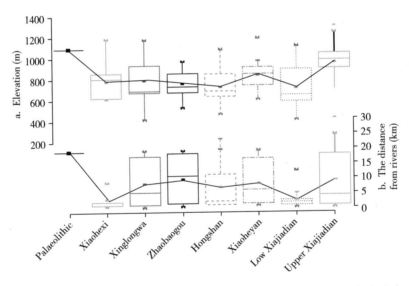

图 4　西拉木伦河南岸地区史前考古遗址的海拔分布及其拔河距离（黑色虚线表示平均值）

a.各时期考古遗址的海拔分布　b.各时期考古遗址的拔河距离

　　本区域的气候记录由周边区域的气候变化记录获得，包括吉林省靖宇县四海龙湾的生物硅含量（Schettler et al., 2006）、柳河县哈尼泥炭的 δ ^{13}C ‰（Hong et al., 2005, 2009）以及辽宁省桓仁县暖和洞石笋 δ ^{18}O ‰记录（Wu et al., 2011, 2012）。科尔沁沙地的演化通过该地区 50 个沙/沙质古土壤剖面综合分析（图 5）。史前人类的生业模式通过该区域已发表的文献进行梳理。

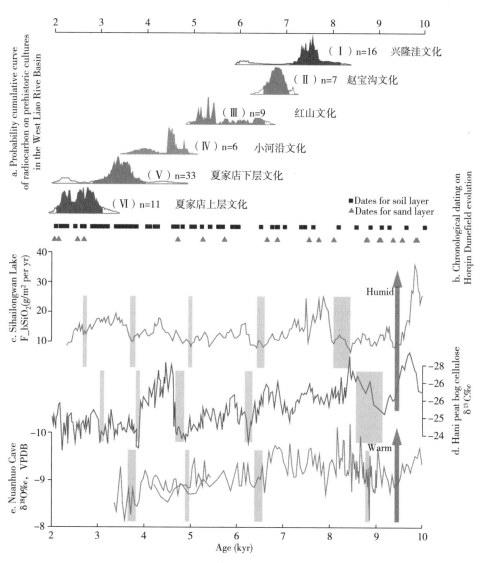

图 5　西拉木伦河南岸各时期史前文化的碳十四年代序列与科尔沁沙地演变、气候变化
（灰色条带表示干或冷的气候时期）

a. 放射性碳同位素的概率累积曲线　b. 科尔沁沙地演化的年代框架　c. 吉林靖宇县四海龙湾的生物硅（Schettler et al., 2006）　d. 吉林柳河县哈尼泥炭沼泽的 δ¹³C‰（Hong et al., 2005）　e. 辽宁恒仁县暖和洞石笋 δ¹⁸O‰记录（Wu et al., 2011）

4　结果

4.1　不同文化类型考古遗址数量和总面积

我们在西拉木伦河南岸调查的 276 个考古遗址，包括旧石器时代考古遗址 1 个、新石器时代考古遗址 143 个、青铜时代遗址 167 个。其中，59 个遗址同时包

含 2 种文化类型，7 个遗址同时含有 3 种文化类型。新石器时代中期红山文化遗址的面积最大（5190300 平方米），而青铜时代晚期的夏家店上期文化的遗址点数量最多（126 个）。

研究区最早的人类活动发现于旧石器时代的上窑洞穴遗址，面积仅有 60 平方米（图 2：a，图 3：d）。大规模的人类活动出现于新石器时代，共有 143 个遗址点，包括小河西文化遗址 9 个（图 2：b）、兴隆洼文化遗址 28 个（图 2：c）、赵宝沟文化遗址 14 个（图 2：d）、红山文化遗址 104 个（图 2：e）、小河沿文化遗址 21 个（图 2：f）。五种不同文化类型的总面积分别为 205200 平方米、1005800 平方米、622600 平方米、5190300 平方米和 1004650 平方米（图 3）。青铜时代遗址共 167 个，包括夏家店下层文化遗址 45 个（图 2：g）和夏家店上层文化遗址 126 个（图 2：h），其面积分别为 1399300 平方米和 2474697 平方米。青铜时代结束后进入战国时代，开启了文明的曙光。

4.2 人类定居范围的时空变化

该地区古人类定居海拔最高的为旧石器时代的上窑洞穴遗址（43° 0.9′ N，118° 43.3′ E）。随后的新石器时代早期，古人类活动范围缓慢扩大，直到新石器时代中期的红山文化时期（42° 34.3′ ~ 43° 15.8′ N，117° 21.3′ ~ 119° 42.6′ E，图 2e）达到最大，在新石器时代晚期的小河沿文化时期（42° 35.5′ ~ 43° 09.2′ N，118° 00.0′ ~ 119° 16.6′ E，图 2f），人类活动减弱。青铜时代早期的夏家店下层文化时期（42° 36.0′ ~ 43° 14.9′ N，118° 11.6′ ~ 120° 3.5′ E，图 2：g），人类活动又开始加强，但大多数遗址点分布于羊肠子河的南部。青铜时代晚期的夏家店上层文化时期是该区域史前考古遗址点分布范围最广的，但该时期大多数遗址向西迁移（42° 36.2′ ~ 43° 15.8′ N，117° 31.8′ ~ 120° 3.6′ E，图 2：h）。

表 1 和图 4 展示了史前遗址的海拔及其与河流的最小距离。旧石器时代，人类生活于高海拔地区（1074 米），距离河流也较远。到了新石器时代，大多数聚落位于低海拔地区（600 ~ 1000 米）。青铜时代早期，史前人类聚落集中在离河流很近的低山区（400 ~ 800 米）。而青铜时代晚期，古人类又返回高海拔地区（800 ~ 1200 米）生活。

5 讨论

基于上述考古调查结果，我们进一步探讨了本研究区考古遗址的时空变化规律及全新世史前文化变化的主要驱动因素。

5.1 全新世气候波动和史前文化的演化

本研究将该地区史前文化的碳十四年代序列（图5：a）、科尔沁沙地演化过程（图5：b）、古气候变化特征进行了对比（图5：c~e），碳十四年代序列和古气候记录能够较好地对应。全新世适宜期可能促进了西拉木伦河南岸新石器时代考古学文化的出现。此外，科尔沁沙地中出现的土壤层也反映出当时的气候条件相对湿润（Qiu，1989；Yang et al.，2012），相对湿润的气候条件则促进了文化的繁荣。同时，季风在 6.5 kyr B.P.、4.7 kyr B.P.、3.9 kyr B.P. 和 3.0 kyr B.P. 的减弱可能导致了史前文化的消亡或转型，而前一文化的消失又为新的考古学文化类型提供了发展空间。

旧石器考古遗址仅有 1 个，且未有年代数据，因此无法与气候变化进行对比，故本文暂不讨论旧石器时代人类活动与气候变化的关系。基于四海龙湾湖生物硅含量（Schettler et al.，2006；图5：c）、哈尼泥炭沼泽 $\delta^{13}C$ ‰（Hong et al.，2005；图5：d）和暖和洞石笋 $\delta^{18}O$ ‰ 记录（Wu et al.，2011，2012），认为新石器时代的首支考古学文化——小河西文化开始于"8.2 kyr 事件"后的全新世适宜期。该时期的季风加强导致降水量增加（Hong et al.，2005，2009；Schettler et al.，2006；Wu et al.，2011，2012）、科尔沁沙地收缩（Qiu，1989），适宜的气候条件促进了新石器时代早期文化——小河西、兴隆洼和赵宝沟文化的扩张。6.4 kyr B.P. 前后（Hong et al.，2005，2009；Schettler et al.，2006；Wu et al.，2011），季风减弱、降雨量减少导致了新石器时代早期文化的逐渐消亡。随后气候条件逐渐好转，新石器时代中期，红山文化在西辽河地区发展起来（Hong et al.，2005，2009；Schettler et al.，2006；Wu et al.，2011）。尽管有研究认为红山文化在 4.2 cal. kyr B.P. 消亡，并认为该文化的消亡缘于西拉木伦河溯源侵蚀导致的浑善达克沙地古湖地下水位下降（Yang et al.，2015），但实际上 4.8 kyr B.P. 前后季风的再次减弱已经导致了红山文化的逐渐衰落（Hong et al.，2005，2009；Schettler et al.，2006；Wu et al.，2011）。此后小河沿文化逐渐形成，又在 3.9 kyr B.P. 前后的季风衰弱期逐渐消亡（Hong et al.，2005，2009；Schettler et al.，2006；Wu et al.，2011）。

该地区的青铜时代考古文化类型始于 3.9 kyr B.P. 前后。夏家店上层文化的先民建立了一个较高水平的农业社会，较早进入了国家文明社会（Tian，2006）。相关环境考古研究表明，暖湿的气候条件促进了夏家店下层文化的扩张，而干冷的气候条件则限制了夏家店上层文化的发展（Xia et al.，2000；Li et al.，2006）。然而四海龙湾湖生物硅以及哈尼泥炭沼泽的 $\delta^{13}C$ ‰ 却表明整个青铜时代是相对温湿的（Hong et al.，2005；Schettler et al.，2006）。此外，ADQ 和 KP 剖面的古土壤层表明当时科尔沁沙地正在收缩（Yang et al.，2012；Yi et al.，2013）。3.0 kyr B.P. 前后则存在一次短暂的气候恶化事件，科尔沁沙地再次扩张（Schettler et al.，2006；Yang et al., 2012；Yi et al., 2013）。这一气候恶化期可能导致了夏家店下层文化的消亡，并逐步过渡到夏家店上层文化。

尽管史前文化的兴衰受气候变化影响明显，但文化内部的社会因素也不可忽视。例如，4.7 kyr B.P. 前后的气候恶化导致多种生业模式并存的小河沿文化衰亡，而主要以畜牧业为生的夏家店上层文化面对 3.0 kyr B.P. 前后的气候恶化遗址数量反而增加。相同的气候变化（如气候恶化）却导致社会演化的不同结果，说明在研究古代人地关系方面，社会内部因素尤其是生业模式对社会演化也很重要。

5.2 史前人类对气候和环境变化的适应

生业模式的调整应是史前人类适应气候、环境变化的重要方式（Li et al.，2009；Li，2013；Jia et al.，2013，2016；Chen et al.，2015b），也可能会改变人类的居住模式（Li，2013；Chen et al.，2015b）。例如，牧业使人类在高海拔地区活动，农业使人类在低海拔地区生活，而混合生计战略使得人类生活在两者之间（图 4：a）。

全新世适宜期的到来促进了北方旱作农业的发展（Crawford，2009）。在黄土高原西部地区，新石器时代早期农业化水平较低，人类主要以狩猎和采集为生（Barton et al.，2009）。植物浮选研究表明，以粟、黍为主的旱作农业系统始于兴隆洼时期（Zhao，2014）。但此时的农业化水平较低，不足以满足人们的食物需求，狩猎和采集可能仍是新石器时代早期西拉木伦河南岸地区主要的生业模式类型（图 2：b~d）。小河西文化时期的榆树山和西梁遗址、兴隆洼文化时期的兴隆洼和兴隆沟遗址（Yang and Zhu，1985；Yang and Liu，1997；Liu，2004）以及赵宝沟文化时期的赵宝沟和小山遗址（Yang and Zhu，1987；Liu and Zhu，1988）出土了大量由鱼骨和蚌类制作的工具（Suo and Guo，2004；Yang and Lin，2009），暗示渔业是当时的生业模式之一。在上述遗址中同时发掘出大量的石球等狩猎工具，许多遗址点中还发现了野生动物的骨骼，小河西文化时期的沙窝子遗址出土了马骨和鹿骨，兴隆洼文化时期的兴隆洼、兴隆沟、南台子遗址出土了鹿骨，赵宝沟文化时期的赵宝沟遗址出土了鹿、鸟、熊、獾等动物骨骼（Song and Chen，2004）。狩猎工具和野生动物骨骼证明狩猎活动在人类生产活动中占有重要地位。此外，兴隆洼文化时期的兴隆洼遗址（Yang and Zhu，1985）和赵宝沟文化时期的小山遗址（Yang and Zhu，1987）出土的核桃楸种子证明了采集业的存在。兴隆洼和兴隆沟遗址人骨稳定碳同位素分析结果显示，当时的人类通常以采集得来的 C_3 型植物为主要食物来源（Zhang et al.，2003；Liu et al.，2012）。相对温湿的气候条件（Hong et al.，2005，2009；Schettler et al.，2006；Wu et al.，2011）促进了新石器时代早期农业的发展，促使人类定居于该地区。本地区共发现新石器时代早期考古遗址 51 处，大多数遗址海拔为 600~1000 米（图 4：a；表 1）。经过小河西文化时期（图 2：b）的初步发展，兴隆洼文化时期人类开始定居于西拉木伦河南岸的中部区域，包括少朗河上游以及少朗河上游与西拉木伦河之间的地区，并延伸至科尔沁沙地西缘（图 2：c）。

前人研究表明，红山文化繁盛于相对暖湿的气候条件下（Xia et al.，2000；Xu et al.，2002；Li et al.，2006）。实际上当时的季风弱于新石器时代早期（Hong et al.，2005，2009；Schettler et al.，2006；Wu et al.，2011；图 5：c~e），甚至偶有沙漠出现和扩张（Qiu，1989；Yi et al，2013；图 5：b）。但新石器时代中期气候相对稳定（Hong et al.，2005，2009；Schettler et al.，2006），可能使红山文化在较低的生产水平上维持了较长的时间。虽然气候条件并非特别湿润，不适宜大规模的农业生产，但古人类可以同时依靠多种生业模式生存。草帽山和兴隆沟遗址的人骨稳定碳同位素分析结果表明，古人类以粟作农业和 C_3 植物为生（Liu et al.，2012）。植物浮选结果表明，红山文化时期西辽河地区的主要作物是粟和黍（Sun，2012；Sun and Zhao，2013）。粟作农业可能已经成为当时最重要的生业模式，并极大地促进了红山文化的繁荣。大量的鱼骨（Sun and Zhao，2013）和贝壳制品（Liu and Yang，1982）的发现表明渔业仍是当时生业模式的重要组成。红山和白音长汗遗址发现的大量鹿骨表明狩猎也是重要的生业模式（Song and Chen，2004），零星分布的犬骨则显示了家畜饲养业的存在（Song and Chen，2004）。而以捕鱼和狩猎为主导的混合生业模式可能减缓了人类发展的步伐。红山文化的大面积出现和大量遗址的发现可能并不是其高度发展的标志，而是其长期发展的结果（6600~4900 cal. yr B.P.）。因此，后续研究需要将红山文化划分成更细的阶段，以分析当时人类活动与气候变化的关系。

和前人研究结果不同（Xia et al.，2000；Li et al.，2006），我们发现新石器时代晚期的小河沿文化（4900~3600 cal. yr B.P.）对应于相对湿润的气候条件。4.7 kyr B.P. 前后，科尔沁沙地扩张并伸入低海拔地区，人类不得不迁徙到相对高海拔地区生活（66.77% 的遗址点分布于海拔 800~1000 米的地区；图 4：a；表 1）。敖汉旗西山遗址的同位素数据表明当时的人类以粟作农业为生（Liu et al.，2012），而用土、石、骨头和贝壳等不同材料制作的工艺品则表明当时同时存在包括农业、狩猎和渔业在内的多种生业模式（Hexigten Museum，1992；Liaoning Provincial Institute of Culture, Relics and Archaeology, Chifeng Museum，1998）。克什克腾旗石棚山墓地出土的陶器上刻画了鹿和鸟形象的图案，或可暗示新石器时代晚期的人类生活于高海拔地区，主要以狩猎和采集为生，不再依赖农业（Li，1982）。此外，石鹏山（Li，1982）和大南沟墓地（Zhao，2005）出土了大量的桦树皮。桦树通常生长在山区相对潮湿的环境中，桦树皮的出土可能指示当时的人类生活在山地边缘区。

青铜时代相对湿润的气候（Hong et al.，2005，2009；Schettler et al.，2006）促

进了文明的发展，如青铜时代早期的夏家店下层文化（Xia et al., 2000；Li et al., 2006）。赤峰地区植物浮选研究鉴定出了大量该时期的粟、黍等炭化植物种子（Zhao, 2004；Zhao et al., 2009；Jia et al., 2016）。南山根、蜘蛛山和大甸子遗址中出土的动物骨骼中猪骨占主要部分（Song and Chen, 2004），表明当时农业生产发达，不仅能够满足人类需求，还能支撑一定的家畜饲养业。夏家店下层文化时期相对发达的农业促进了社会的发展，也促使西辽河地区进入了发达的文明社会。农业需求促使夏家店下层文化时期的人类定居于低海拔地区（图 2：g；4：a），其68.89% 的遗址点分布于海拔 400 ~ 800 米（表 1）。这些遗址离主要河流的平均距离仅 2.5 千米（图 3：b），也反映了农业发展对河流的需求。

青铜时代晚期的夏家店上层文化（3100 ~ 2000 cal. yr B.P.）在 3.0 kyr B.P. 前后短暂的季风减弱事件后逐渐发展（Hong et al., 2005, 2009；Schettler et al., 2006）。由于青铜时代早期大量的农业活动导致植被减少、土壤流失（Zhao et al., 2011），同时，3.0 kyr B.P. 前后气候条件较为干旱，科尔沁沙地深入到低海拔地区（Hong et al., 2005, 2009；Schettler et al., 2006），人类不得不迁徙到其他区域活动，并调整自身的生业模式。夏家店、南山根和蜘蛛山等西辽河地区夏家店上层文化时期遗址中发现了大量的羊骨（Song and Chen, 2004），显示牧业已经成为较为重要的生业模式。畜牧业的发展促进了夏家店上层文化的发展，并使其快速扩张到整个西辽河地区（图 2：h）。尽管夏家店上层文化时期的考古遗址数量多于之前任何一个文化时期（图 3：a），但其遗址点的平均面积却相对较小（图 3b），这可能是源于游牧民族的高移动性。同时，青铜时代晚期遗址点向东扩张到 117° 31.8′ E（图 2：h），人类活动的最高海拔可到 1290 米（图 4：a），其 86.51% 的遗址点位于海拔800 ~ 1200 米（表 1）。

6 结论

本文研究了西辽河地区史前文化的变化规律，表明该地区人类遗址的时空变化模式可能受到气候变化的影响。全新世适宜期的到来促进了西拉木伦河南岸新石器时代文化的出现，而季风在 6.5 kyr B.P.、4.7 kyr B.P.、3.9 kyr B.P.、3.0 kyr B.P. 前后的减弱导致了史前文化的中断和转型，新的文化类型则在前者消亡之后出现。红山文化和夏家店下层文化的衰落可能是由于 4.7 kyr B.P. 和 3.0 kyr B.P. 气候变干导致的，随后人类的活动发生了巨大的变化。以渔业、狩猎、采集和农业并存的混合生业模式可能导致了小河沿文化的较低发展水平，而以畜牧业为主要生业模式的夏家店上层文化在向西迁移到高海拔地区后得以扩张和繁荣。

从考古遗址点获取的 GPS 数据以及对生业模式的初步研究表明，不同生业模式可能决定了史前人类在空间上占据不同的区域。旧石器时代的人类以采集和狩猎为生，主要生活在高海拔地区（1074 米）。以农业、狩猎、采集和渔业等混合生业模式为生的人类生活在海拔 600～1000 米的区域，这一海拔范围涵盖了 88.89% 的小河西文化时期遗址、82.14% 的兴隆洼文化时期遗址、92.85% 的赵宝沟文化时期遗址、75.00% 的红山文化时期遗址和 90.49% 的小河沿文化时期遗址。夏家店下层文化以农业为主的生业模式促使人类迁徙到海拔 400～800 米的区域生活（68.89%的遗址），而畜牧业又使夏家店上层文化的人类回到海拔 800～1200 米的区域生活（86.51% 的遗址）。

本研究通过文献资料对西辽河地区古文明演变及其驱动因素进行了详细的对比研究，对理解我国东北地区史前人地关系有重要的意义。

参考文献

Barton L, Newsome S D, Chen F H, Wang H, Guilderson T P, Bettinger R L (2009). "Agricultural origins and the isotopic identity of domestication in northern China." *Proceedings of the National Academy of Sciences of the United States of America*, 106(14): 5523‒5528.

Bronze Ramsey C (2001). "Development of the radiocarbon calibration program." *Radiocarbon*, 43(2A): 355‒363.

Chen F H, Xu Q H, Chen J H, Birks H J B, Liu J B, Zhang S R, Jin L Y, An C B, Telford R J, Cao X Y, Wang Z L, Zhang X J, Selvaraj K, Lu H Y, Li Y C, Zheng Z, Wang H P, Zhou A F, Dong G H, Zhang J W, Huang X Z, Bloemendal J, Rao Z G (2015a). "East Asian summer monsoon precipitation variability since the last deglaciation." *Scientific Reports*, 5: 11186.

Chen F H, Dong G H, Zhang D J, Liu X Y, Jia X, An C B, Ma M M, Xie Y W, Barton L, Ren X Y, Zhao Z J, Wu X H, Jones M K (2015b). "Agriculture facilitated permanent human occupation of the Tibetan Plateau after 3600 BP." *Science*, 347 (6219): 248‒250.

Christian E P, Lu X M, Robert D D, Zhu D (2010). "Hongshan chiefly communities in Neolithic northeastern China." *Proceedings of the National Academy of Sciences of the United States of America*, 107(13): 5756‒5761.

Crawford G (2009). "Agricultural origins in North China pushed back to the Pleistocene‒Holocene boundary." *Proceedings of the National Academy of Sciences of the United States of America*, 106(18): 7271‒7272.

D'Alpoim Guedes J, Lu H L, Li Y X, Spengler R N, Wu X H, Aldenderfer

M S (2014). "Moving agriculture onto the Tibetan plateau: the archaeobotanical evidence." *Archaeological and Anthropological Sciences*, 6(3): 255–269

刘志一:《克什克腾旗上店小河沿文化墓地及遗址调查简报》,《内蒙古文物考古》1992 年第 Z1 期, 第 77~83 页。

Hong Y T, Hong B, Lin Q H, Shibata Y, Hirota M, Zhu Y X, Leng X T, Wang Y, Wang H, Yi L (2005). "Inverse phase oscillations between the East Asian and Indian Ocean summer monsoons during the last 12000 years and paleo-El Nino." *Earth and Planetary Science Letters*, 231: 337 - 346.

Hong Y T, Hong B, Lin Q H, Shibata Y, Zhu Y X, Leng X T, Wang Y (2009). "Synchronous climate anomalies in the western North Pacific and North Atlantic regions during the last 14, 000 years." *Quaternary Science Reviews*, 28: 840 - 849.

Jia X, Dong G H, Li H, Brunson K, Chen F H, Ma M M, Wang H, Zhang K R (2013). "The development of Agriculture and its impact on cultural expansion during the mid–late Neolithic in the Western Loess Plateau, China." *The Holocene*, 23(1): 85 - 92.

Jia X, Sun Y G, Wang L, Sun W F, Zhao Z J, Lee H F, Huang W B, Wu S Y, Lu H Y (2016). "The transition of human subsistence strategies in relation to climate change during the Bronze Age in the West Liao River Basin, Northeast China." *The Holocene,* 26(5):781 - 789.

Jones M K, Liu X Y (2009). "Origins of agriculture in East Asia." *Science*, 324(5928): 730 - 731.

Lawler A (2007). "CIimate spurred Later Indus decline." *Science*, 316(5827): 978 - 979.

Lee G A, Crawford G W, Liu L, Chen X C (2007). "Plants and people from the early Neolithic to Shang periods in North China." *Proceedings of the National Academy of Sciences of the United States of America*, 104(3): 1087 - 1092.

李恭笃:《昭乌达盟石棚山考古新发现》,《文物》1982 年第 3 期, 第 31~36 页。

Li Y Y, Wilis K J, Zhou L P, Cui H T (2006). "The impact of ancient civilization on the northeastern Chinese landscape: palaeoecological evidence from the Western Liaohe River Basin, Inner Mongolia." *The Holocene*, 16(8): 1109 - 1121.

Li X Q, Shang X, Dodson J, Zhou X Y (2009). "Holocene agriculture in the Guanzhong Basin in NW China indicated by pollen and charcoal evidence. *The Holocene*, 19(8): 1213 - 1220.

Li XQ (2013). "New progress in the Holocene climate and agriculture research in

China." *Science China-Earth Sciences*, 56(12): 2027‒2036.

辽宁省文物考古研究所、赤峰市博物馆:《大南沟——后红山文化墓地发掘报告》,科学出版社,1998年,第15~24页。

刘晋祥、杨国忠:《赤峰西水泉红山文化遗址》,《考古学报》1982年第2期,第183~192页。

刘晋祥、朱延平:《内蒙古敖汉旗赵宝沟一号遗址发掘简报》,《考古》1988年第1期,第1~6页。

刘国祥:《兴隆沟遗址发掘收获及意义》,《东北文物考古论集》,科学出版社,第58~74页。

Liu XY, John M K, Zhao Z J, Liu G X, Connell T C O (2012). "The Earliest Evidence of Millet as a Staple Crop: New Light on Neolithic Foodways in North China." *American Journal of Physical Anthropology*, 149(2): 283‒290.

Polyak V J, Asmerom Y (2001). "Late Holocene climate and cultural changes in the southwestern United States." *Science*, 294(5540): 148‒151.

裘善文:《试论科尔沁沙地的形成与演变》,《地理科学》1989年第4期,第317~328页。

Reimer P J, Baillie M G L, Bard E, Bayliss A, Beck J W, Blackwell P G, Ramsey C B, Buck C E, Burr G S, Edwards R L, Friedrich M, Grootes P M, Guilderson T P, Hajdas I, Heaton T J, Hogg A G, Hughen K A, Kaiser K F, Kromer B, McCormac F G, Manning S W, Reimer R W, Richards D A, Southon J R, Talamo S, Turney C S M, Vander P J, Weyhenmeyer C E (2009). "IntCal09 and Marine09 radiocarbon age calibration curves, 0‒50,000 years cal BP." *Radiocarbon*, 51(4): 1111‒1150.

Robert D D, Christian E P (2006). "Patterned variation in prehistoric chiefdoms." *Proceedings of the National Academy of Sciences of the United States of America*, 103(11): 3960‒3967.

Schettler G, Liu Q, Mingram J, Stebich M, Dulski P (2006). "East-Asian monsoon variability between 15000 and 2000 cal. yr BP recorded in varved sediments of Lake Sihailongwan (northeastern China, Long Gang volcanic field)." *The Holocene*, 16(8): 1043‒1057.

宋蓉、陈全家:《赤峰地区汉代以前动物遗存初探》,《内蒙古文物考古》2004年第2期,第85~101页。

孙永刚、曹建恩、井中伟、赵志军:《魏家窝铺遗址2009年度植物浮选结果分析》,《北方文物》2012年第1期,第37~40页。

孙永刚、赵志军:《魏家窝铺红山文化遗址出土植物遗存综合研究》,《农业考古》2013 年第 3 期，第 1~5 页。

索秀芬、郭治中：《白音长汗遗址小河西文化遗存》，《边疆考古研究》2004 年第 1 期，第 301~310 页。

田广林：《夏家店下层文化时期西辽河地区的社会发展形态》，《考古》2006 年第 3 期，第 45~52 页。

Wagner M, Tarasov P, Hosner D, Fleck A, Ehrich R, Chen X C, Leipe C (2013). "Mapping of the spatial and temporal distribution of archaeological sites of northern China during the Neolithic and Bronze Age." *Quaternary International*, 290‐291(8): 344‐357.

吴江滢、汪永进、董进国：《全新世东亚夏季风演化的辽宁暖和洞石笋δ^{18}O 记录》，《第四纪研究》2011 年第 6 期，第 990~998 页。

Wu J Y, Wang Y J, Cheng H, Kong X G, Liu D B (2012). "Stable isotope and trace element investigation of two contemporaneous annually-laminated stalagmites from northeastern China surrounding the '8.2 ka event'." *Climate of the Past*, 8(3): 1591‐1614.

夏正楷、邓辉、武弘麟：《内蒙西拉木伦河流域考古文化演变的地貌背景分析》，《地理学报》2000 年第 3 期，第 329~336 页。

许清海、杨振京、崔之久等：《赤峰地区孢粉分析与先人生活环境初探》，《地理科学》2002 年第 4 期，第 453~457 页。

Yancheva G, Nowaczyk J, Mingram P, Dulski G, Schettler J F W, Negendank J Q, Liu D, Sigman M, Peterson L C, Haug G H (2007). "Influence of the intertropical convergence zone on the East Asian monsoon." *Nature*, 445(7123): 74‐77.

杨虎、朱延平、孔昭宸、杜乃秋：《内蒙古敖汉旗兴隆洼遗址发掘简报》，《考古》1985 年第 10 期，第 865~874 页。

杨虎、朱延平：《内蒙古敖汉旗小山遗址》，《考古》1987 年第 6 期，第 481~502 页。

杨虎、刘国祥：《内蒙古敖汉旗兴隆洼聚落遗址 1992 年发掘简报》，《考古》1997 年第 1 期，第 1~26 页。

杨虎、林秀贞：《内蒙古敖汉旗榆树山、西梁遗址出土遗物综述》，《北方文物》2009 年第 2 期，第 13~21 页。

Yang L H, Wang T, Zhou J, Lai Z P, Long H (2012). "OSL chronology and possible forcing mechanisms of dune evolution in the Horqin Dunefield in northern China since the Last Glacial Maximum." *Quaternary Research*, 78(2): 185‐196.

Yang X P, Scuderi L A, Wang X L, Scuderi L J, Zhang D G, Li H W, Forman S, Xu Q H, Wang R C, Huang W W, Yang S X (2015). "Groundwater sapping as the cause of irreversible desertification of Hunshandake Sandy Lands, Inner Mongolia, northern

China." *Proceedings of the National Academy of Sciences of the United States of America*, 112(3): 702 - 706.

弋双文、鹿化煜、曾琳、徐志伟:《末次盛冰期以来科尔沁沙地古气候变化及其边界重建》,《第四纪研究》2013 年第 2 期, 第 206～217 页。

Zhang D D, Lee H F, Wang C, Lie B S, Peia Q, Zhang J, An Y L (2011). "The causality analysis of climate change and large-scale human crisis." *Proceedings of the National Academy of Sciences of the United States of America*, 108(42): 17296 - 17301.

张雪莲、王金霞、冼自强、仇士华:《古人类食物结构研究》,《考古》2003 年第 2 期, 第 62～75 页。

赵志军:《从兴隆沟遗址浮选结果谈中国北方旱作农业起源问题》,见南京师范大学文博系编《东亚古物 (A 卷)》, 文物出版社, 2004 年, 188～199 页。

赵宾福:《关于小河沿文化的几点认识》,《文物》2005 年第 7 期, 第 63～68 页。

赵克良、李小强、尚雪等:《青铜时代中晚期辽西地区农业活动特征》,《植物学报》2009 年第 6 期, 第 718～724 页。

Zhao Z J (2011). " New Archaeobotanic Data for the Study of the Origins of Agriculture in China." *Current Anthropology*, 52(S4): S295 - S306.

赵克良、李小强、周新郢、孙楠:《辽西城子山遗址夏家店下层文化期农业活动特征及环境效应》,《第四纪研究》2011 年第 1 期, 第 8～15 页。

赵志军:《中国古代农业的形成过程——浮选出土植物遗存证据》,《第四纪研究》2014 年第 1 期, 第 73～84 页。

附记: 本研究得到国家自然科学基金 (41301208、41321062)、教育部博士点基金 (新教师类) 项目 (20130091120030)、科技部国家重大科学研究计划 (2010CB950200)、香港地区专项基金 (HKU745113H) 和 Hui Oi-Chow 信托基金 (201302172003) 共同资助完成。本文原以英文发表在 *Frontiers of Earth Science* 2017 年第 1 期, 原文名 "Spatial and temporal variations in prehistoric human settlement and their influencing factors on the south bank of the Xar Maron River, Northeastern China"。

吉林大安后套木嘎遗址新石器时代
黄牛分子考古学研究

蔡大伟[1]　张乃凡[1]　朱司祺[1]　陈全家[1]　王立新[1]　赵　欣[2]　马萧林[3]
Thoms C.A. Royle[4]　周　慧[1]　杨东亚[4]
1. 吉林大学边疆考古研究中心
2. 中国社会科学院考古研究所
3. 河南博物院
4. 加拿大西蒙菲莎大学考古系

1　前言

　　后套木嘎遗址位于吉林省大安市安广镇红岗子乡永合村西北约 2 千米，在新荒泡东南岸的一处沙岗上（图 1），遗址海拔 152 米，地势东高西低，岗顶高出西侧水面 6 ~ 12 米[1]。该遗址于 1957 年文物调查时首次发现，但一直未进行系统的考古发掘工作。2011 ~ 2014 年，吉林大学边疆考古研究中心和吉林省文物考古研究所联合对后套木嘎遗址进行了大规模的考古发掘，初步构建了嫩江流域从新石器时代早期至汉代的考古学文化编年与序列。该遗址出土遗存大致可以分为七期：后套木嘎第一期遗存属于嫩江中下游地区新石器时代早期一种新的考古学文化，年代大约在公元前 13010 ~ 前 8650 年。后套木嘎遗址第二期遗存属于"黄家围子类型"，[14]C 测年数据显示其距今大约 8000 ~ 7000 年。后套木嘎遗址第三期遗存属于嫩江中下游地区新石器时代中晚期一种新的考古遗存，年代距今约 6500 ~ 5600 年。后套木嘎遗址第四期属于哈民忙哈文化遗存，年代相当于红山文化晚期。后套木嘎遗址第五期属于白金宝文化晚期遗存，年代大致为西周晚期至春秋时期（公元前 877 ~ 前 476 年）。后套木嘎遗址第六期属于汉书二期文化遗存，年代为战国至西汉时期（公元前 475 ~ 公元 8 年）。后套木嘎遗址第七期属于辽金时期（公元 907 ~ 1234 年）。

---

[1]　王立新、霍东峰、石晓轩等：《吉林大安后套木嘎遗址发掘取得重要收获》，《中国文物报》2012年 8 月 17 日。

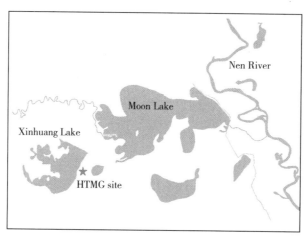

图 1　后套木嘎遗址地理位置

　　在 2011 年的发掘中发现了一个重要的遗迹单位灰沟 G1。G1 长 1050 厘米，宽 85～125 厘米，厚 40～58 厘米，距地表深度 25 厘米，沟内发现了大量的动物骨骼，包括软体类、鱼类、爬行类、鸟类以及哺乳类。其中以哺乳动物可鉴定种属最多，共 13 种。牛骨占哺乳动物骨骼总数的 81% 以上，经过动物考古学家形态鉴定，初步确定这些牛属于东北野牛（*Bison exiguus*）。在随后三年（2012 年、2013 年和 2014 年）的发掘中陆续发现埋葬有大量动物骨骼的沟和灰坑，动物种类与 2011 年 G1 出土的类似。此类遗存的性质尚不清楚，发掘者认为其有祭祀性质，也有研究者认为这些野牛遗骸可能是当地古人的宴飨活动遗留下来的[1]。

　　根据考古发掘资料，旧石器时代晚期中国北方广泛分布着东北野牛（*Bison exiguus*）、原始牛（*Bos primigenius*）和王氏水牛（*Bubalus wangsjoki*），这些野牛与家养黄牛的关系一直是考古学家关注的焦点。与欧洲地区和美洲地区野牛的研究相比，东亚地区野牛的古 DNA 研究基本是一个空白。目前仅有张虎才对哈尔滨出土的一例距今 10660 年前的原始牛开展的古 DNA 研究[2]。而在本研究中，我们对后套木嘎遗址第三期和第四期出土的古代牛遗骸进行了古 DNA 分析，主要目的是确定野牛的种属及其与家养黄牛的关系，为中国家养黄牛起源研究提供新的线索。

[1]　张哲：《后套木嘎遗址（2011～2012）新石器时代动物遗存研究》，吉林大学硕士学位论文，2015 年。

[2]　Zhang, H., Paijmans, J. L., Chang, F., Wu, X., Chen, G., Lei, C., Yang, X., Wei, Z., Bradley, D. G., Orlando, L., O'Connor, T., Hofreiter, M. (2013). Morphological and genetic evidence for early Holocene cattle management in northeastern China. *Nature Communications*, 4, 2755.

2 材料与方法

2.1 样本采集和处理

共采集 34 例样本，其中 HT01 ~ HT15 为 2011 年采集，HT17 ~ HT25 为 2013 年采集，HT26 ~ HT34 为 2014 年采集。这批样本分为两个时期，其中 HT1 ~ HT5 为后套木嘎第三期，HT7 ~ HT34 为后套木嘎第四期。该地区土壤为沙土地，渗水性很强，又毗邻水域，因此样本保存状态一般，部分样本表面风化较严重。

首先用毛刷除去样本表面污垢，用电动打磨工具去除表层 1 ~ 2 毫米，然后用 10% 的次氯酸（氯离子浓度 10%）溶液浸泡 5 ~ 10 分钟，依次用超纯水和 100% 的乙醇清洗，在紫外线照射下晾干，随后将样品放入液氮冷冻粉碎机 FREEZER/MILL 6750（SPEXP CetriPrep, USA）中，经液氮冷却，打磨成粉，-20℃冷冻保存。

2.2 古 DNA 抽取、PCR 扩增和测序

古 DNA 提取参照杨东亚等研究进行[1]。

PCR 扩增依据参考序列 V00654 设计两对套叠引物，扩增 294bp（核苷酸位置 16022 ~ 16315）片段。第一对引物长度 157bp，正向引物 L16022 5′—GCCCCATGCATATAAGCAAG—3′，反向引物 H16178 5′—CACGCGGCATGGTAATTAAG—3′；第二对引物长度 179bp，正向引物 L16137 5′—TTCCTTACCATTAGATCACGAGC—3′，反向引物 H16315 5′—GGAAAGAATGGACCGTTTTAGAT—3′。

扩增程序如下：首先进行 95℃预变性 5 分钟，随后进行 36 个循环反应（92℃变性 1 分钟，50℃ ~ 55℃退火 1 分钟，72℃延伸 1 分钟），最后 72℃延伸 10 分钟，4℃保持。扩增反应均在 Mastercycler Personal 热循环仪（Eppendorf, Germany）上进行。25 μL 反应体系中含 3L 模版，1U TransStartTM TopTaq DNA 聚合酶（全式金公司，中国），1× Buffer，0.2 mM dNTPs，0.2 M 每条引物。

PCR 扩增产物通过 2% 的琼脂糖（Biowest, German）凝胶电泳检测，并用 QIAEX Ⅱ Gel Extraction Kit 胶回收试剂盒（QIAGEN, Germany）纯化 PCR 产物。纯化产物用 ABI PRISM 310 Genetic Analyzer 全自动遗传分析仪（Applied Biosystems, USA）对 Dye Primer 试剂盒进行正反双向直接测序。

---

[1] Yang, D. Y., Eng, B., Waye, J. S., Dudar, J. C., Saunders, S. R. (1998). Technical note: improved DNA extraction from ancient bones using silica-based spin columns. *American Journal of Physical Anthropology*, 105 (4), 539‐543.

2.3　数据处理

用 MAFFT 7 程序对 DNA 序列进行比对对齐[1]。用 MEGA 6.0 确定序列变异位点和单倍型[2]。用 Arlequin 3.5 确定群体的遗传多态性[3]。用 PhyML 3.0 构建系统发育树[4]。

3　结果

3.1　古代牛遗传多样性

在专门的古 DNA 实验室中，我们采取严格的防污染措施，成功地从 34 个样本中获得 24 个古代牛的 DNA 序列，成功率 71%。这些古代 DNA 序列都经过至少两次独立的实验获得，且两次获得的序列必须一致。为了避免潜在的实验室污染，我们随机选取 5 例样本送到中国社科院考古研究所古 DNA 实验室进行检测，所获得的序列与我们完全一致，表明实验结果真实可靠。

24 例古代牛的 DNA 序列与参考序列 V00654 相比共有 31 个变异位点，定义 13 个单倍型，编号 Bp1 ~ Bp13（表 1）。HT31 的变异位点与现代普通牛的一致，可以确定其应归属于普通牛（*Bos taurus*）。除了 HT31 外，所有古代牛均在 16200 位点处有 A 碱基插入，且存在变异位点 16068C、16083G、16084T、16085C、16119C、16125T、16231T、16250G、16260T、16264A。从这些变异位点上看，这些古代牛与普通牛和瘤牛差别巨大。为进一步探测后套木嘎古代牛与现代牛的遗传关系，利用 BLAST 程序在 NCBI 的 GenBank 核酸数据库中搜寻与这些古代序列完全匹配的现代牛共享序列，结果只有 HT31 搜索到一个共享序列，是来自韩国的地方品种济州黄牛。该结果进一步明确样本 HT31 属于普通牛。由于 HT31 与后套木嘎遗址其他古代牛不同，因而在进行遗传多态性分析时将其排除。后套木嘎古代牛的遗传多态性如下：Hd=0.8893 ± 0.0441，Pi=0.0156 ± 0.0088，MNPD=4.61 ± 2.34。这些数值高于 4000 年前中国古代的家养黄牛（Hd=0.8128 ± 0.0411，Pi=0.0094 ±

［1］ Katoh, K., Standley, D. M. (2013). MAFFT multiple sequence alignment software version 7: improvements in performance and usability. *Molecular Biology and Evolution*, 30(4), 772－780.

［2］ Tamura, K., Stecher, G., Peterson, D., Filipski, A., Kumar, S. (2013). MEGA6: Molecular Evolutionary Genetics Analysis version 6.0. *Molecular Biology and Evolution*, 30(12), 2725－2729.

［3］ Excoffier, L., Lischer, H. E. (2010). Arlequin suite ver 3.5: a new series of programs to perform population genetics analyses under Linux and Windows. *Molecular Ecology Resources*, 10(3), 564－567.

［4］ Guindon, S., Dufayard, J.F., Lefort, V., Anisimova, M., Hordijk, W., Gascuel, O. (2010). New algorithms and methods to estimate maximum-likelihood phylogenies: assessing the performance of PhyML 3.0. *Systematic Biology*, 59(3), 307－321.

表 1 后套木嘎古代牛的变异位点和单倍型

单倍型	变异位点	样本名称
	1 1 1 1 1 1 1 1 1 1 1 1 1 1 1 1 1 1 1 1 1 1 1 1 1 1 1 1 1 1	第三期　第四期
	6 6 6 6 6 6 6 6 6 6 6 6 6 6 6 6 6 6 6 6 6 6 6 6 6 6 6 6 6 6	
	0 0 0 0 0 0 0 0 1 1 1 1 1 1 1 1 1 1 2 2 2 2 2 2 2 2 2 2 2 2	
	5 6 6 8 8 8 8 9 1 1 2 2 2 3 3 5 5 0 1 1 3 3 3 4 5 6 6 7 8 9	
	7 7 8 3 4 5 6 5 0 9 1 5 7 7 9 4 8 0 2 9 1 2 3 8 0 0 4 4 1 2	

单倍型	变异位点	第三期	第四期
V00654	G A T A C T G A C T G A C T C A G – C C C C G C A C G C C C		
Bp1	. . . . . . A . . A . . . . . . – . . . . T		HT31
Bp2	A . C G T C . . T C . T . . . . . . A T T T . . . G T A . . .	HT12	
Bp3	A . C G T C . . T C . T . . . . . . A . . T . . . G T A T . .		HT30
Bp4	A . C G T C . . T C . T . . . . . . A . . T . . . G T A . . .	HT07 HT09 HT13	HT17 HT20 HT23
Bp5	. G C G T C . G . C . T T C . G . A . . T . . T G T A . . .	HT03 HT04 HT08 HT11 HT15	
Bp6	. G C G T C . G . C . T T C . G . A . . T . . . T G T A . T T	HT10	
Bp7	. G C G T C . G . C . T T C . . . A . . T . A T G T A . . .	HT01	
Bp8	. G C G T C . G . C . T . C . . A A . . T . . . T G T A . .		HT22
Bp9	. G C G T C . G . C . T . C . . A . . T . . T G T A . .		HT27
Bp10	. . C G T C . . . C . T . C . . A . . T T . G T A . . .	HT16	
Bp11	. . C G T C . . . C . T . C . . A . . T . . G T A . .		HT24
Bp12	. . C G T C . G . C . T . . . . A . . T . . . G T A . . .	HT02 HT06 HT14	
Bp13	. . C G T C . G . C . T . . T . A . . T . . G T A . . .		HT28

0.0059，MNPD=2.27 ± 1.27）[1]。

3.2 系统发育树

为了确定后套木嘎遗址古代野牛的种属，我们选择了草原野牛（*Bison priscus*）、欧洲野牛（*Bison bonasus*）、美洲野牛（*Bison bison*）、原始牛（*Bos primigenius*）、牦牛（*Bos grunniens*）、普通牛（*Bos taurus*）和瘤牛（*Bos indicus*）作为比对序列，水牛（*Bubalus bibalis*）作为外类群，共 161 个序列构建了最大似然树（图 2）。系统发育树显示样本 HT31 与普通牛 T3 世系聚集在一起，表明 HT31 属普通牛。除了 HT31，其余后套木嘎古代牛形成了一个独立分支，与普通牛（*Bos taurus*）的关系较近，而与草原野牛（*Bison priscus*）、欧洲野牛（*Bison bonasus*）、美洲野牛（*Bison bison*）、牦牛（*Bos grunniens*）以及瘤牛关系较远。值得注意的是，分支中还包含一只距今 10660 年前的中国原始牛（KF525852C），该牛在中国黑龙江省哈尔滨发现，在牙齿和下颌上存在人类驯化管理的痕迹，研究者将其命名为 C 世系[2]，这表明后套木嘎古代牛（除 HT31 以外）属于先前研究中揭示的原始牛 C 世系。

4　讨论

在动物骨骼鉴定中，动物考古学家将后套木嘎野牛定为东北野牛（*Bison exiguus*）。但通常认为东北野牛在旧石器时代晚期就已经灭绝，能否在距今 6000 年前后的新时期时代幸存还存在疑问。因此我们对这些样本进行了古 DNA 分析。系统发育树清晰显示后套木嘎野牛形成一个独立的分支，与野牛关系较远，而与普通牛的遗传关系较近，这一结果支持后套木嘎古代野牛属于原始牛，而不是东北野牛。DNA 研究显示，普通牛起源于近东地区的原始牛，现代普通牛中存在的 T、P、Q、R 来自原始牛的不同谱系，而且呈现一定的地理分布特征，可能是在不同地区被驯化

［1］ Cai, D., Sun, Y., Tang, Z., Hu, S., Li, W., Zhao, X., Xiang, H., Zhou, H. (2014). The origins of Chinese domestic cattle as revealed by ancient DNA analysis. *Journal of Archaeological Science*, 41 (2), 423 – 434.

［2］ Zhang, H., Paijmans, J. L., Chang, F., Wu, X., Chen, G., Lei, C., Yang, X., Wei, Z., Bradley, D. G., Orlando, L., O'Connor, T., Hofreiter, M. (2013). Morphological and genetic evidence for early Holocene cattle management in northeastern China. *Nature Communications*, 4, 2755.

或者杂交引入家牛的[1]。我们在后套木嘎古代野牛中发现的世系 C 应该是亚洲原始牛的主要世系，由于我们尚未在现代牛中发现 C 世系，因此该世系是否被引入到现代牛尚需进一步研究。

在研究中，我们还发现第四期的一个样本 HT31 属于普通牛的 T3 世系，与一例现代韩国济州黄牛完全一致。根据历史记录，韩国的黄牛主要源自中国北方[2]。由于 HT31 取自一个破损的游离齿，从形态上很难判断其种属。但考虑到样本的年代以及 T3 世系的起源地点，我们认为 HT31 应该是驯化的普通牛。后套木嘎遗址第四期属于红山文化晚期（距今 5500～5000 年），这一时期正是家牛进入中国的初始阶段。考古发掘记录显示，甘肃省天水市师赵村和西山坪遗址马家窑文化时期（距今 3400～2700 年）出土的黄牛遗存是中国目前已知最早的家牛[3]。此外，甘肃地区马家窑文化时期多个遗址出土的黄牛遗骸也与家养黄牛极为相似。如武山县傅家门遗址出土了马家窑文化时期的牛卜骨标本，肩胛骨制成，上有阴刻 "S" 形符号[4]。甘肃省礼县西山遗址出土的仰韶文化晚期黄牛遗存的测量数据和数量比例均符合家养黄牛标准[5]。这些考古材料表明，近东地区的黄牛至少在距今 5000 年前就已经到达了中国西北甘肃地区[6]。我们以前曾在中国北方多个距今 4000 多年前的早

[1] a. Troy, C. S., MacHugh, D. E., Bailey, J. F., Magee, D. A., Loftus, R. T., Cunningham, P., Chamberlain, A. T., Sykes, B. C., Bradley, D. G. (2001). Genetic evidence for Near-Eastern origins of European cattle. *Nature*, 410 (6832), 1088–1091.

b. Achilli, A., Bonfiglio, S., Olivieri, A., Malusa, A., Pala, M., Kashani, B. H., Perego, U. A., Ajmone-Marsan, P., Liotta, L., Semino, O., Bandelt, H. J., Ferretti, L., Torroni, A. (2009). The multifaceted origin of taurine cattle reflected by the mitochondrial genome. *PLoS One*, 4(6), e5753.

c. Achilli, A., Olivieri, A., Pellecchia, M., Uboldi, C., Colli, L., Al-Zahery, N., Accetturo, M., Pala, M., Kashani, B. H., Perego, U. A., Battaglia, V., Fornarino, S., Kalamati, J., Houshmand, M., Negrini, R., Semino, O., Richards, M., Macaulay, V., Ferretti, L., Bandelt, H.J., Ajmone-Marsan, P., Torroni, A., (2008). Mitochondrial genomes of extinct aurochs survive in domestic cattle. *Current Biology*, 18(4), R157–R158.

[2] Yuk, J., Kim, H. K., Park, H., Yoon, H., Sul, D., Chung, C. (1979). *Korean Cattle*. Seoul: Hyang Moon Sa.

[3] 周本雄：《师赵村与西山坪遗址的动物遗存》，见中国社会科学院考古研究所编著《师赵村与西山坪》，中国大百科全书出版社，1999 年。

[4] 赵信：《甘肃武山傅家门史前文化遗址发掘简报》，《考古》1995 年第 4 期，第 289～296 页。

[5] 余翀、吕鹏、赵丛苍：《甘肃省礼县西山遗址出土动物骨骼鉴定与研究》，《南方文物》2011 年第 3 期，第 73～79 页。

[6] a. 袁靖、黄蕴平、杨梦菲、吕鹏、陶洋、杨杰：《考古公元前 2500 年～公元前 1500 年中原地区动物考古学研究——以陶寺、王城岗、新砦和二里头遗址为例》，《科技考古·第二辑》，科学出版社，2007 年。

b. 傅罗文、袁靖、李水城：《论中国甘青地区新石器时代家养动物的来源及特征》，《考古》2009 年第 5 期，第 80～86 页。

期青铜时代遗址中发现源自近东地区普通牛的T3世系[1]，此次在后套木嘎遗址第四期遗址中发现 T3 世系，可将家牛进入东北地区的时间提早到距今 5000 年前，与西北地区接近。西北地区以及东北地区都在距今约 5000 年前出现家养黄牛，暗示黄牛可能通过两道路线进入中国，一条是经北方草原地带到达东北地区，另一条是通过河西走廊进入甘肃地区。

附记：本研究得到国家社科基金重大项目"古动物 DNA 视角下的东西方文化交流研究"（17ZDA221）资助。本文原以英文发表在 *Journal of Archaeological Science* 第 98 卷（2018 年），原文名 "Ancient DNA reveals evidence of abundant aurochs（*Bos primigenius*）in Neolithic Northeast China"，翻译成中文后，作者进行了部分修改。

[1] Cai, D., Sun, Y., Tang, Z., Hu, S., Li, W., Zhao, X., Xiang, H., Zhou, H. (2014). The origins of Chinese domestic cattle as revealed by ancient DNA analysis. *Journal of Archaeological Science*, 41 (2), 423－434.

中国家牛起源和早期利用的动物考古学研究

吕 鹏

中国社会科学院考古研究所

牛，中国传统六畜之一。我国现有家牛可分为三种：黄牛［可分为普通牛（*Bos taurus*）和瘤牛（*Bos indicus*）］、水牛（*Bubalus bubali*）和牦牛（*Bos granuiens*）[1]。中国是农业大国和古国，农业文化源远流长，黄牛在旱作、水牛在稻作农业生产中的作用突出。中国拥有辽阔的草原牧场，游牧文化历史悠久，黄牛和牦牛在牧区及极端环境条件下发挥着重要和独特的作用。

更新世旧石器时代，中国南北方皆有野生牛类遗存出土，诸如短角水牛（*Bubalus brevicornis*）、王氏水牛（*Bubalus wansjocki*）、丁氏水牛（*Bubalus tingi*）、德氏水牛（*Bubalus teihardi*）、杨氏水牛（*Bubalus youngi*）、圣水牛（*Bubalus mephistopheles*）、普通水牛（*Bubalus bubalis*）、古中华野牛（*Bison Palaeosinensis*）、东北野牛［*Bubalus（P.）exiguus*］、原牛（*Bos primigenius*）、大额牛（*Bibosgaurus*）等，它们是远古先民重要的狩猎对象和物资来源[2]。

新石器时代以来，野牛仍旧发挥了重要的作用。延及新石器时代晚期至青铜时代早期，中国北方地区依然存在着野生原牛（*Bos primigenius*），山西绛县周家庄遗址（距今约 3900 年）的先民使用野生原牛肩胛骨制作卜骨，古 DNA 研究表明当时野生原牛、野生水牛和家养普通牛种群共存，且野生原牛与家养普通牛种群发生过杂交[3]。圣水牛（*Bubalus mephistopheles*）在距今 8000～3000 年前的中国南北方皆有分布，它是另一种野牛，对中国现代家养水牛没有基因贡献[4]，因环境（两周相交之际中原地区气候转冷）和人为（商人过度捕杀和对其栖居环境的破坏）原因至

［1］《中国牛品种志》编写组：《中国牛品种志》，上海科学技术出版社，1986 年，第 1～7 页。

［2］中国科学院古脊椎动物与古人类研究所《中国脊椎动物化石手册》编写组：《中国脊椎动物化石手册》，科学出版社，1979 年，第 610～620 页。

［3］Brunson, K., et al. (2016). New insights into the origins of oracle bone divination: Ancient DNA from Late Neolithic Chinese bovines. *Journal of Archaeological science*, 74, 35‑44.

［4］Yang, D. Y., Liu, L., Chen, X., Speller, C. F. (2008). Wild or domesticated: DNA analysis of ancient water buffalo remains from north China. *Journal of Archaeological Science*, 35(10), 2778‑2785.

东周时期已彻底绝灭[1]。 河南安阳殷墟遗址出土有圣水牛遗存[2]，它的形象在殷墟遗址花园庄东地 M54（即亚长墓）出土的一件青铜水牛尊上得以重现：短角，角的横截面呈三角形，四足短粗有力，体态浑圆[3]。

1 家牛的起源

现有研究表明，黄牛和水牛是自境外传入，中国古代先民对其进行了接纳、吸收和再创新的利用，使其成功融入中华文明的历史长河；牦牛则由中国本土驯化成功，有"高原之舟"的美誉。

1.1 家养普通牛的起源、动因和扩散

家养普通牛（*Bos taurus*）的野生祖先是原牛（*Bos primigenius*），最早驯化于西亚的卡耀努（ÇayÖnü Tepesi）遗址、幼发拉底河的佳得（Dja'de）遗址及周边地区的其他遗址，年代为距今 10800 ~ 10300 年[4]。动物考古学和古 DNA 研究结果表明，家养普通牛在中国境内最早出现的时间为距今 5500 ~ 5000 年，甘青地区（甘肃天水师赵村和西山坪、礼县西山、武山傅家门）和东北地区（吉林大安后套木嘎）存在最早的例证[5]。依据古 DNA 研究，中国家养普通牛由西亚传入，传入路线可能有两条：

---

[1] a. 陈星灿：《圣水牛是家养水牛吗？——考古学与图像学的考察》，见李永迪主编《纪念殷墟发掘八十周年学术研讨会论文集》，台北"中央研究院"历史语言研究所，2015 年，第 189 ~ 210 页．

b. 王娟、张居中：《圣水牛的家养 / 野生属性初步研究》，《南方文物》2011 年第 3 期，第 134 ~ 139 页。

[2] 德日进、杨钟健：《安阳殷墟之哺乳动物群》，《中国古生物志》丙种第十二号第一册，1936 年。

[3] 何毓灵：《牛牲、牛尊与"牛人"》，《群言》2017 年第 4 期，第 40 ~ 43 页。

[4] a. Hongo, H., Pearson, J., Öksüz, B., Ilgezdi, G. (2009). The Process of Ungulate Domestication at Çayönü, Southeastern Turkey: A Multidisciplinary Approach focusing on Bos sp. and Cervus elaphus. *Anthropozoologica*, 44(1), 63–78.

b. Helmer, D., Gourichon, L., Monchot, H., Peters, J., Seguí, M. S. (2005). Identifying early domestic cattle from Pre-Pottery Neolithic sites on the Middle Euphrates using sexual dimorphism. In J.-D. Vigne, J. Peters and D. Helmer, *The first steps of animal domestication*, 86–95. Oxford: Oxford Books.

c. Peters, J., Driesch, A. V. D., Helmer, D., Segui, M. S. (1999). Early Animal Husbandry in the Northern Levant. *Paléorient*, 25(2), 27–48.

[5] a. 吕鹏、袁靖、李志鹏：《再论中国家养黄牛的起源——商榷〈中国东北地区全新世早期管理黄牛的形态学和基因学证据〉一文》，《南方文物》2014 年第 3 期，第 48 ~ 59 页。

b. Lu, P., Brunson, K., Yuan, J., Li, Z. (2017). Zooarchaeological and Genetic Evidence for the Origins of Domestic Cattle in Ancient China. *Asian Perspectives*, 56(1), 92–120.

c. Cai, D., Zhang, N., Zhu, S., Chen, Q., Wang, L., Zhao, X., Ma, X., Royle, T. C. A., Zhou, H., Yang, D. Y. (2018). Ancient DNA reveals evidence of abundant aurochs (*Bos primigenius*) in Neolithic Northeast China. *Journal of Archaeological Science*, 98, 72–80.

一是新疆—西北地区—中原路线，二是欧亚草原—东北亚—中原地区[1]。

家养普通牛的引入有着深刻的社会背景：中国本土驯化家畜种类（猪和狗）的成功，从技术层面为其引入和饲养提供了经验积累和借鉴；种植业的进步，从经济层面为家畜种群扩大和种类增加提供了物质保障；社会日趋复杂化，从社会组织结构方面为家畜的组织管理和分配提供了现实；文化交流为其引入和传播提供了可能和便利[2]。

家养普通牛在中国境内逐步扩散：距今4500～4000年时扩散到黄河中下游地区（如河南柘城山台寺、禹州瓦店和登封王城岗等）[3]，饲养规模有一定的扩大，使用农作物粟和黍的副产品来喂养[4]；距今4000～2000年时已扩散到中国北方大部分地区[5]，并且逐步向南，在西汉南越国时期传入岭南地区[6]。

1.2 家养瘤牛的起源

瘤牛又称"高峰牛"，是热带和亚热带地区的特有牛种，耐热耐旱。家养瘤牛（*Bos indicus*）的祖先是印度野牛（*Bos namadicus*），其驯化起源于距今8500年前的印度河流域，巴基斯坦的梅尔伽赫（Mehrgrarh）地区可能是最早的起源中心[7]。其在中国境内最早出现于距今2400年的西南和岭南地区，石寨山文化储贝器等文化遗物上常见瘤牛形象[8]。现代瘤牛DNA研究和考古学资料暗示中国家养瘤牛由印度及东南亚传入，云南很可能是中国最早引入瘤牛的地方[9]。

[1] a. 蔡大伟、孙洋、汤卓炜、周慧：《中国北方地区黄牛起源的分子考古学研究》，《第四纪研究》2014年第34卷第1期，第166～172页。
b. Cai, D., Sun, Y., Tang, Z., Hu, S., Zhou, H. (2014). The origins of Chinese domestic cattle as revealed by ancient DNA analysis. *Journal of Archaeological science*, 41, 423 - 434.
[2] 吕鹏、袁靖、李志鹏：《再论中国家养黄牛的起源——商榷〈中国东北地区全新世早期管理黄牛的形态学和基因学证据〉一文》，《南方文物》2014年第3期，第48～59页。
[3] 吕鹏：《试论中国家养黄牛的起源》，见河南省文物考古研究所《动物考古·第1辑》，第152～176页，文物出版社，2010年。
[4] Chen, X. L., Fang, Y. M., Hu, Y. W., et al. (2015). Isotopic reconstruction of the late Longshan period (ca. 4200 - 3900 BP) dietary complexity before the onset of state-level societies at the Wadian site in the Ying river valley, central plains, China. *International Journal of Osteoarchaeology*.
[5] 任乐乐、董广辉：《"六畜"的起源和传播历史》，《自然杂志》2016年第4期，第257～262页。
[6] 杨杰、王元林：《岭南地区家养黄牛起源问题初探》，《江汉考古》2012年第1期，第87～91页。
[7] Meadow, R. H. (1984). Animal domestication in the Middle East: A view from the eastern margin. In J. Clutton-Brock and C. Grigson, *Animals and archaeology: 3 Early herders and their flocks*, 309 - 337. BAR International Series, 202.
[8] 张增祺：《晋宁石寨山》，昆明：云南美术出版社，1998年。
[9] a. Lei, C. Z., Chen, H., Zhang,H. C., Sun, W. B., et al. (2006). Origin and phylogeographical structure of Chinese cattle. *Animal Genetics*, 37(6), 579 - 582.
b. 俞方洁：《滇文化瘤牛形象研究》，《民族艺术》2016年第3期，第72～81页。
c. 葛长荣、田允波：《云南瘤牛》，《黄牛杂志》1998年第2期，第14～19页、第26页。

1.3　家养水牛的起源

水牛是热带和亚热带地区特有的牛种，喜水耐热。家养水牛（*Bubalus bubalus*）包括河流型和沼泽型两个品种，野生祖先是野水牛（*Bubalus arnee*），其驯化起源于印度河流域（哈拉微拉城市遗址），时间为距今 5000 年前[1]。中国现生水牛均为家养，属沼泽型[2]。考古和古 DNA 研究表明，水牛可能是在距今 3000 年前后由南亚西北部地区传入中国境内的[3]。

1.4　家养牦牛的起源

牦牛是青藏高原特有的畜种，其驯化是藏区早期畜牧的重大成就。考古资料显示，居住在甘青地区的古羌人和西藏地区的原始先民可能在距今 3000 年前后成功驯化了牦牛。青海都兰诺木洪文化遗址中曾出土一件陶牦牛，"两角及尾部稍残，头部两侧不对称，背部呈波浪形。毛长及地，故显得略矮"[4]。此外，卡约文化考古遗址中也出土有牦牛遗存[5]。

2　家牛的早期利用

家牛在中国境内出现和驯化成功后，在食物资源（肉食、奶制品等）、祭祀用牲、骨料加工、农业生产（牛耕土地、农田灌溉、粮食加工）、交通运输等诸多方面发挥了重要的作用。特别是牛耕的使用，使耕作从人力向畜力转变，并由此引发了一场"畜力革命"，实现了生产力的飞跃，推动了中华古代文明的发展[6]。下文以家养普通牛为例对其在先秦时期为人所用的情况进行探讨。

---

[1]　a. Meadow, R. H. (1996). The origins and spread of agriculture and pastoralism in northwestern South Asia. In D. R. Harris, *The origins and spread of agriculture and pastoralism in Eurasia*, 390 - 412. London: UCL Press,.

　　　b. Patel, A. K. and Meadow, R. (1998). The exploitation of wild and domestic water buffalo in prehistoric northwestern South Asia. In *Archaeozoology of the Near East III*, 180 - 199.

[2]　《中国牛品种志》编写组：《中国牛品种志》，上海科学技术出版社，1986 年，第 6 页。

[3]　刘莉、杨东亚、陈星灿：《中国家养水牛起源初探》，《考古学报》2006 年第 2 期，第 141～178 页。

[4]　青海省文物管理委员会、中国科学院考古研究所青海队：《青海都兰县诺木洪搭里他里哈遗址调查与试掘》，《考古学报》1963 年第 1 期，第 17～44 页、第 148～155 页。

[5]　王杰：《试析卡约文化的经济形态》，《江汉考古》1991 年第 3 期，第 47～54 页。

[6]　孙声如：《畜力的使用及其在农业史上的地位》，《中国农史》1988 年第 1 期，第 40～49 页。

2.1 肉食来源

普通牛作为肉食来源是最为普遍的现象。骨骼无规则破碎、多出于灰坑等考古现象，以及年龄结构以年轻个体为主等信息，均表明古代人类将普通牛作为肉食食用。宗教祭祀现象中出现的用特定骨骼部位（如头骨和下颌骨等肉量较少的部位）的现象，从另一个侧面表示这种动物的其他部位可能被人类作为肉食进行消费[1]。在殷墟遗址中，普通牛的肉量贡献率自殷墟文化第二期始已经超过猪，成为最主要的肉食来源[2]。需要说明的是，肉类是宴饮中的重要食物，这种新的肉食种类并非人人得而享之，可能更多地为当时的精英阶层所掌控，且并非日常习用，其价值更多地体现在仪式性宴饮活动中[3]。

2.2 祭祀用牲

《左传》云："国之大事，在祀与戎。"足见祭祀与战争在古代社会中的重要作用，而普通牛正是王一级的祭祀形式"太牢"中所使用的最为主要和重要的牺牲[4]。所谓"牺牲"，皆从"牛"，表明牛为诸牺之首，"牲"的本意原指祭祀之牛（《说文·牛部》）。中国古代祭祀用牲最早为猪和狗，家养普通牛一经引入便在祭祀活动中发挥作用[5]。甘肃武山傅家门遗址出土了目前所知年代最早的牛卜骨标本，表明普通牛在宗教祭祀中的应用最早可以追溯至距今5500年前[6]。随后家养普通牛传入黄河中下游地区。河南柘城山台寺遗址发现一祭祀坑 H39，其中 9 头完整普通牛集中在一起埋葬，摆放比较规整，埋葬完整普通牛个体数量之多在中国新石器时代遗址中是目前仅见的，基于普通牛在祭祀中的重要性，表明当时举行了规格较高

[1] 吕鹏：《中国家养黄牛的起源及其在宗教仪式中的应用》，《中国社会科学院古代文明研究中心通讯》2010 年第 20 期，第 57～62 页。
[2] 李志鹏：《殷墟出土の動物遺存体から見た中国古代の家畜化》，见（日）中岛经夫、槙林启介编《水辺エコトーンにおける魚と人稲作起源論への新しい方法》，ふくろう出版，2014 年，第 117～140 页。
[3] a. 吕鹏：《商人利用黄牛资源的动物考古学观察》，《考古》2015 年第 11 期，第 105～111 页。
    b.（美）卡炊卡·雷哈特著，孙涵龙译，陈星灿校：《偃师商城的仪式宴飨与权力获得（一）》，《南方文物》2018 年第 3 期，第 260～265 页、第 255 页。
[4] 李国强：《太牢考论》，见《法国汉学》丛书编辑委员会编《古罗马和秦汉中国——风马牛不相及乎》，中华书局，2011 年，第 151～195 页。
[5] 吕鹏、宫希成：《祭牲礼制化的个案研究——何郢遗址动物考古学研究的新思考》，《南方文物》2016 年第 3 期，第 169～174 页。
[6] 中国社会科学院考古研究所甘青工作队：《甘肃武山傅家门史前文化遗址发掘简报》，《考古》1995 年第 4 期，第 289～296 页、第 304 页、第 385 页。

的祭祀活动，也表明该遗址在同期遗址中具有特殊或重要地位[1]。商代中期开始大规模用普通牛祭祀，完成了祭祀用牲由猪优位向牛优位的转化[2]。周代祭祀用牲逐步礼制化[3]，如河南洛阳西工 131 号战国墓中五件列鼎按大小分别装有牛、羊、猪、狗和鸡，以"五牲"指代阶层的高低贵贱[4]。

2.3 骨料来源

在家养普通牛出现之前，鹿是最主要的骨料来源，家养普通牛的出现改变了这种局面，普通牛肢骨（主要是掌骨和跖骨，还包括胫骨、股骨、肱骨等部位）和下颌骨逐渐成为最主要的选用部位。延及青铜时代，家养普通牛为骨器制作提供了充足的优质原料，加之制骨作坊的涌现、金属工具的应用等，骨器制造呈现出规模化、专业化、规范化和复杂化的特点[5]。

2.4 畜力开发

牛耕源于何时？牛耕重视的是牛的牵引力。山西襄汾陶寺遗址（距今 5300 ~ 3900 年）出土的普通牛遗存以老年个体为主，推测饲养的主要目的是使用其牵引力[6]。从牛的驯化和驾驭、犁架的形成、相关套牛技术的出现这三个与牛耕起源密切相关的要素出发，有学者认为牛耕出现的时间在商代晚期[7]。如河南安阳殷墟妇好墓出土的一件玉雕卧牛两个鼻孔间有小孔相通，与穿系牛绳有关[8]，但该玉雕牛是否为普通牛尚存疑问；动物考古学研究表明殷墟遗址出土的黄牛掌骨和趾骨上有因劳役而造成的病变现象，加之牛的死亡年龄偏高以及可能是牛车车辙的考古现象等，推测此时已经开发了牛的畜力并用于拉车[9]。牛耕技术经两周时期发展和早期

［1］ 吕鹏、袁靖：《河南柘城山台寺遗址出土动物遗骸研究报告》，见中国社会科学院考古研究所、美国哈佛大学皮保德博物馆编著《豫东考古报告——"中国商丘地区早商文明探索"野外勘察与发掘》，第 365 ~ 391 页，科学出版社，2017 年。

［2］（日）冈村秀典：《商代的动物牺牲》，见中国社会科学院考古研究所编《考古学集刊（第 15 集）》，北京：文物出版社，2004 年，第 216 ~ 239 页。

［3］ 吕鹏、宫希成：《祭牲礼制化的个案研究——何郢遗址动物考古学研究的新思考》，《南方文物》2016 年第 3 期，第 169 ~ 174 页。

［4］ 蔡运章、梁晓景、张长森：《洛阳西工 131 号战国墓》，《文物》1994 年第 7 期，第 4 ~ 15 页、第 43 页。

［5］ a. 马萧林：《关于中国骨器研究的几个问题》，《华夏考古》2010 年第 2 期，第 138 ~ 142 页。
　　 b. 马萧林：《近十年中国骨器研究综述》，《中原文物》2018 年第 2 期，第 51 ~ 56 页。

［6］（美）博凯龄：《中国新石器时代晚期动物利用的变化个案探究——山西省龙山时代晚期陶寺遗址的动物研究》，见中国社会科学院考古研究所夏商周考古研究室编《三代考古（四）》，科学出版社，2011 年，第 129 ~ 182 页。

［7］ 刘兴林：《牛耕起源和早期的牛耕》，《中国农史》2016 年第 2 期，第 29 ~ 38 页。

［8］ 中国社会科学院考古研究所：《殷墟妇好墓》，文物出版社，1980 年，第 162 页。

［9］ 李志鹏：《动物考古学与古代家养动物畜力开发的研究》，《中国文物报》2015 年 3 月 27 日第 5 版。

推广后，在汉代得以普遍推广，并在东汉中期传入南方地区[1]。

2.5 奶制品

牛在牧区同样重要。以奶制品的出现为例，基于蛋白质组学分析，测得新疆古墓沟墓地出土有酸奶沉积物（距今 3800 年），罗布泊地区小河墓地出土有开菲尔奶酪（距今 4000～3500 年），表明牛奶在距今 3500 年前已经进入新疆先民的食谱。由液态奶向固态奶制品的发展是古代人类为了应对环境恶化，扩大活动范围，寻找更新生存资源而发展出来的一种便携式食品[2]。

3 小结

综上所述，从动物考古学研究角度出发对中国家牛起源和早期利用进行研究，笔者认为有以下一些结论：黄牛（包括普通牛和瘤牛）、水牛和牦牛是中国古代先民获取和利用的重要动物资源。黄牛和水牛自境外传入，但中国古代先民对其进行了接纳、吸收和再创新的利用，使其成功融入中华文明的历史长河；牦牛由中国本土驯化成功，在特殊环境条件下发挥了独特的作用。家牛（以普通牛为例）在食物资源（肉食和奶制品）、祭祀用牲、骨料加工、畜力开发等方面发挥了重要的作用，成为推动社会进步的动力、满足肉食之欲的食物、区分等级的标志、愚惑民众的神器，推进了中华文明的形成和发展。

[1] a. 李伊波、樊志民：《从汉代牛耕画像石分布看西汉铁犁牛耕的推广因素》，《农业考古》2018 年第 1 期，第 224～227 页。
  b. 杨杰、王元林：《岭南地区家养黄牛起源问题初探》，《江汉考古》2012 年第 1 期，第 87～91 页。
[2] Yang, Y., Shevchenko, A., Knaust, A., Abuduresule, I., Li, W., Hu, X., et al. (2014). Proteomics evidence for kefir dairy in early bronze age china. *Journal of Archaeological Science*, 45, 178‒186.
  b. Yang, Y. (2014). Archaeology: Ancient cheese found with mummies. *Nature*, 507(7490), 10.

三维扫描技术在红山文化陶器复原中的应用

李明华　吕帆

赤峰学院

1　引言

自 20 世纪 30 年代始，经过 80 多年的田野调查与考古发掘，大量与红山文化相关的研究资料逐渐为人们所熟知。红山文化出土遗物的种类和数量均超出同地区其他新石器时代文化[1]，其中陶器不仅出土数量巨大且种类繁多，更由于它是人们日常生活中不可或缺的生活器具，故除实用价值外也是红山文化先民生产、生活以及手工业专业化的反映。出土陶器中除了少数完整器以及一些可拼接复原的陶片外，多数为不可复原的残片。口沿、腹部、底部等部位的陶器残片虽不能以传统方式进行复原，但可以借助三维建模等计算机技术进行相对位置复原，同时结合传统考古绘图、测量等方式得出复原部位的基本数据，这样不仅能够丰富红山文化资料数据库，也能为红山文化陶器的类型学研究提供科学数据。现有三维建模技术主要用于大遗址保护、墓地模型、石窟寺复原、数字博物馆建设等方面，如井哲凡、汪万福等人通过三维激光扫描技术对甘谷大像山大佛的三维建模[2]；三知加在西藏文物保护中的三维建模[3]，苏允桥结合三维技术数字化对青州佛像的复原[4]等，而对陶器复原的三维建模研究并没有过多的深入。本文主要通过三维建模技术对红山文化陶器进行复原，不足之处，敬请指正。

[1]　刘国祥：《红山文化研究》，科学出版社，2016 年，第 333～334 页。

[2]　井哲帆、汪万福等：《三维激光扫描技术在文物保护中的应用——以甘谷大像山大佛三维建模为例》，见龙门石窟研究院等编《石窟寺研究》，科学出版社，2017 年，第 407～416 页。

[3]　三知加：《3D 建模在西藏文物遗产保护中的功用解析》，《文物鉴定与鉴赏》2017 年第 12 期，第 104～105 页。

[4]　苏允桥：《三维技术数字化复原青州佛像综合研究》，烟台大学硕士学位论文，2008 年。

2 三维建模技术概述

2.1 硬件类三维建模技术

硬件类三维建模技术主要指三维激光扫描技术，又被称为实景复制技术，20世纪90年代开始出现。它主要利用激光测距原理，通过发射激光脉冲来记录物体表面各个点的三维坐标、反射率以及纹理信息，然后经扫描仪内部软件自主处理，复建出被测目标的三维模型以及物体点、线、面的相关数据。

从传统测量方式来看，测量数据的最终输出结果为二维模式（如常用的 CAD 格式），所使用到的也是全站仪、RTK、GPS 等传统仪器。三维激光扫描仪突破了传统的单点测量模式，使一个或多个独立的点形成若干有关联的面，实现了点到面即二维到三维的转换。同时由于它具有快速性、即时性、主动性、高精度、高密度等优点，故而越来越受到文物考古、地质勘探、工程测量、城市建设等领域工作者的欢迎，其中在文物考古方面起到了许多积极作用[1]。根据扫描仪载体的不同，三维激光扫描仪又可分为机载、车载、地面和手持等几种类型。在陶器复原中，由于被测陶片体积小，测量范围有限，且对测量精度要求较高，一般选用手持式三维激光扫描仪。

2.2 软件类三维建模技术

软件类三维建模技术主要指运用 PC 端的相关软件进行三维建模，如常用软件有 Sketchup、3D Studio Max（简称 3ds MAX）、Geomagic 相关软件以及 Agisoft PhotoScan 等。笔者依据自身需求，主要使用 3ds Max 以及 Geomagic Wrap 两款软件。

3ds Max 是一款基于 PC 系统的三维动画渲染和制作软件，自 1996 年 4 月诞生以来已经进行了 20 余次更新。由于它所需 PC 系统配置低，能够安装多种插件来丰富软件命令，可堆叠的建模步骤不仅普及率广，也使模型制作有非常大的弹性，便于随时随地操作修改，所以一经问世便被广泛应用于影视动画、工业设计、多媒体制作等多个领域。

Geomagic Wrap 又称 Geomagic Studio，是一款运用广泛的逆向软件。逆向软件也叫作反求软件，其根据已有的数据和结果，借助软件内部算法分析，可以推导出如何实现已有结果。Geomagic Wrap 能够将扫描到的点云数据创建成多边形

---

[1] 吴玉涵、周明全：《三维扫描技术在文物保护中的应用》，《计算机技术与发展》2009年第9期，第173~176页。

模型和网格，同时自动转换 NURBS 曲面，这样就打破了传统的网格建模方式，从而更好地控制物体表面的曲线度，使创建出的模型更加生动逼真。建模完成后 Geomagic Wrap 还能够导出多种文件格式，如 STL、STEP、CAD 等，可以为其他建模软件提供补充，实现软件间的完美转换。

3　基于红山文化陶片复原的三维建模案例

案例选取的红山文化陶片为赤峰地区羊肠子河流域西山村遗址采集到的口沿残片（编号为 xsc-2）。通过对残片进行三维激光扫描，生成真实纹理的三维模型，再导入 Germagic Wrap 中对口径尺寸进行复原测量，得出测量数据后再导入 3ds Max 中进行建模复原。

3.1　样品信息

羊肠子河属辽河水系[1]，发源于内蒙古自治区赤峰市翁牛特旗大横立山南麓，全长 230 千米，流经 4 个乡镇，最终汇入老哈河。由于自然以及人为因素影响，多数河道已经干涸。通过对流域内小范围的田野调查，采集到若干红山文化时期陶片，由于陶片数量较多，为加以区分，依据陶片采集地村落名称命名，涉及村落包括西山村、二十家子、小伙房、山湾子等。

3.2　三维激光扫描流程

选用设备为 CREAFORM GO! SCAN 20 扫描仪，该扫描仪具有快速、高效、易携带等特点，精度高达 0.1 毫米（0.004 英寸），分辨率达到了 0.2 毫米（0.008 英寸），允许严密同步捕获高品质几何形状和颜色。该设备的各项性能满足本次扫描的要求。结合 VXelements 软件进行扫描仪参数设置，最终导出多种格式文件。具体流程如图 1 所示。

图 1　三维激光扫描流程

3.2.1　人工准备

确定复原主体后（口沿残片，编号 xsc-2），分析并规划扫描场景。需注意扫描

---

[1]　翟俊峰：《内蒙古自治区河流湖泊分流域概述》，《内蒙古水利》2017 年第 3 期，第 28～30 页。

时的光线强度、物体放置平台等因素。

3.2.2 扫描仪校准

扫描仪在长时间未使用的情况下，扫描焦点会偏离原焦点，这时应当进行扫描仪校准。需注意扫描仪与校准板的距离应当保持在 20~25 厘米，手腕移动幅度应当适中。

3.2.3 扫描仪参数设置

进行扫描仪参数设置时应因物制宜，可以选择手动、自动两种模式进行调整。笔者经过多次实验，发现自动设置参数会出现较大误差，为后期扫描带来诸多不便，所以建议采用手动设置参数。主要设置参数为快门速度与分辨率，如扫描灰黑陶需要较高的快门速度，一般为 7~8 秒，扫描红褐陶的快门速度为 4~5 秒，分辨率默认数值为 1.0 毫米。在实际操作中需要根据情况调整参数，如选用的 xsc-2 口沿残片（泥质红陶），在经过多次扫描仪参数配置后，选定快门速度为 4.23 秒，分辨率为 1.00 毫米。

3.2.4 扫描及结果导出

在对陶片进行扫描时，可能会遇到无法成像、成像卡顿、拖影严重等情况，这是由于陶片表面无明显参照点，导致扫描仪无法识别。解决这一问题一般可以粘贴参照点或放置参照物。扫描结果导出时要根据自身需求决定导出文件格式，笔者一般选用 OBJ 格式（图 2），这一格式不仅适用于多种三维建模软件，还能够实现软件内互导，方便后期处理。

图 2　xsc-2 扫描结果导出

3.2.5 注意事项

笔者通过实验，发现除粘贴参照点外，放置形状复杂的器物更容易获取图像且方便后期处理。案例中选用 G 字夹作为参照物，不仅能够使站立的陶片得以固定，同时也能够快速完成扫描。需要说明的是，在扫描完成后要将图像中除陶片外的所有参照物去除。将扫描文件导入 3ds Max 中进行处理，得到单一的陶片模型，再通过 3ds Max 导出 OBJ 格式文件备用。

3.3　Geomagic Wrap 测量陶片口径尺寸流程

由于扫描中受到陶片形状的限制会形成盲区，这些扫描盲区往往造成模型空洞，将修改后的备用文件导入 Geomagic Wrap 后，软件会根据扫描情况使用网格医生修补空洞，从而保证模型的完整性。进行上述操作后，需进行截面曲线创建、曲线圆创建、创建圆特征编辑等命令。

3.3.1　截面曲线创建

进入截面创建命令后，选取对齐平面任务栏"定义"中的"三个点"命令，在陶片口沿处手动选取三点创建所需截面曲线。

3.3.2　曲线圆创建

指通过曲线生成圆，需注意的是应选择陶片内壁曲线来创建圆。通过框选命令选中所需曲线后，软件自动生成包含该曲线的圆。最后在创建圆特征编辑器中查看圆直径，如 xsc-2 直径为 25.9 厘米（图 3）。

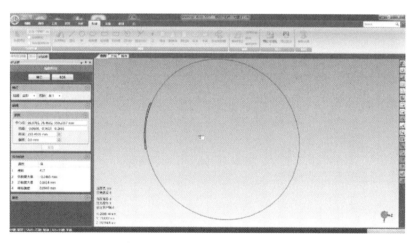

图 3　Geomagic Wrap 生成的圆

3.3.3　注意事项

在截面曲线创建时，所选截面曲线不能过于随意，而是应无限趋近于陶片口沿的曲线。由于人工操作难免会有误差，笔者建议进行多次曲线圆创建并求得平均值，从而尽可能减少误差，确保实验准确性。

3.4 3ds Max 陶片口沿建模流程

通过 wrap 中得出的口沿尺寸，将备用文件导入 3ds Max 中进行口沿建模。需完成创建剖面、车削、移动车削轴等一系列操作。

3.4.1 创建剖面

通过对 3ds Max 中新建截面的平移旋转得到该模型的剖线（切面），剖线底部是否闭合对口沿复原并无影响。

3.4.2 车削

3ds Max 默认车削命令为中心旋转，这种方式往往无法达到实验要求，还需通过移动车削轴来获得所需结果。点击"车削—轴"命令，结合 Geomagic Wrap 得出的口沿直径，将车削轴在空间内平移口沿直径数据的一半（为方便操作可借助 3ds Max 中的移动命令准确完成平移），完成平移后需再次点击车削命令生成三维模型。为使生成的三维模型变得更为平滑，需将模型的分段数提高，笔者一般将数值设定为300。（图 4）

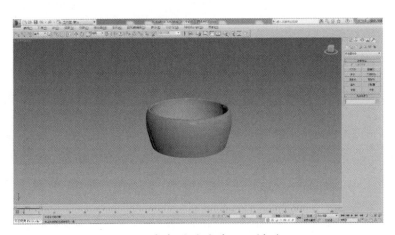

图 4　完成后的陶片口沿模型

3.4.3 注意事项

在创建剖面时需注意，剖面不能是随意的剖切，而应是将模型正置于空间中所得到的剖面。

4　结论

本文以赤峰地区羊肠子河流域西山村遗址采集到的红山文化陶片 xsc-2 为例，使用三维激光扫描仪和 Geomagic Wrap、3ds Max 软件对陶片进行扫描、处理，最终完成其口沿的三维建模复原。这一过程对陶制文物保护、考古类型学研究具有重要应用意义，具体来讲有如下几点：

一是为红山文化陶器数字化保护开辟途径。据统计，全国范围内现存的红山文化完整陶器约 300 余件，除此之外均已残破不堪。近年来，各地对于文物数字化保护日趋重视，对红山文化陶片进行复原，不仅能够对其进行数字化保护，同时也能够对数字化博物馆的建设起到积极作用。

二是为红山文化类型学研究提供补充。在学界对红山文化类型学研究已经取得重大成果的今天，通过三维建模复原相关陶器残片，不仅能够丰富现有的类型学研究成果，同时开辟了新的研究途径。

三维建模技术在文物保护与利用方面虽有其积极作用[1]，但就设备与软件操作来讲依然有其局限性与不足，如三维激光扫描仪价格过高、发射激光并不具备穿透性故无法呈现物体内部结构、采集纹理不能 100% 真实还原等[2]；三维建模软件并非"傻瓜"式操作，需要通过大量实践训练才能较好地掌握。相信在科学技术飞速发展与文物保护日益增强的今天，三维建模技术终会在考古研究与文物保护领域得到更深入、广泛的利用。

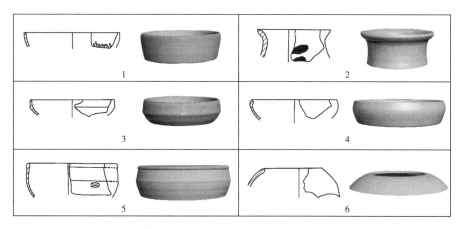

附图　羊肠子河红山文化可复原典型陶片示例

1. 川宝棚陶钵　2. 二十家子陶罐　3. 二十家子陶钵　4. 南山村西梁陶钵

5. 小伙房陶罐　6. 小伙房陶瓮

附记： 本项目为赤峰学院红山文化研究院 2018 年度研究项目。

［1］ 叶满珠、廖世芳等：《三维建模技术在文物保护中的应用》2017 年第 15 期，第 33～35 页。
［2］ 姚娅、宋国定：《三维建模技术在考古中应用探讨》，《文物保护与考古科学》2017 年第 5 期，第 96～101 页。

后 记

　　《红山文化研究》是内蒙古高校人文社会科学重点研究基地——红山文化研究基地和内蒙古红山文化学会、赤峰学院红山文化研究院共同组织汇编的红山文化研究学术专辑，宗旨是深化对辽西地区史前文化与史前文明的认知，系统整理与综合研究小河西文化、兴隆洼文化、富河文化、赵宝沟文化、红山文化、小河沿文化、夏家店下层文化等考古学文化序列谱系及相关问题，同时在积聚具有地方特色文化资源基础上进一步推进文化遗产保护、文脉传承，提升文化自信。

　　自 2014 年伊始，《红山文化研究》已经陆续出版了五辑，具有了一定的影响力。2019 年，以红山文化研究基地入选内蒙古高等学校人文社会科学重点研究基地为契机，红山文化研究院、红山文化研究基地在基地学术委员会的支持与协作下制定了科学合理的发展规划，同时对《红山文化研究》进行体例调整，本着科学化、专业化的理念宗旨，以科技考古、玉器、文明起源、域外考古文献整理等为主要内容出版系列研究专辑。本辑收录的是近年来在红山文化科技考古层面所取得的研究成果。

　　我们衷心期望《红山文化研究》能得到学术界的关注与关爱，期望能得到国内外专家学者的支持与帮助。我们有勇气、有信心、有能力，将红山文化研究基地、《红山文化研究》打造为国内外红山文化学术研究与交流的平台！

编　者
2019 年 10 月